ちゃんと歩ける

日光御成道

本郷追分……幸手追分

日光例幣使街道

倉賀野追分……楡木宿

日光壬生通り

喜沢追分……今市宿

奥州道中
日光壬生通り
日光例幣使街道
日光道中
日光御成道
善光寺街道
甲州道中
東海道
陸奥國
下野國
上野國
信濃國
甲斐國
武蔵國
下総國
相模國
駿河國
伊豆國
白河
白坂
芦野
越堀
鍋掛
大田原
佐久山
喜連川
氏家
白沢
宇都宮
雀宮
石橋
小金井
新田
小山
間々田
野木
古河
中田
栗橋
幸手
杉戸
粕壁
越ケ谷
草加
千住
江戸日本橋
岩淵
本郷追分
喜沢追分
幸手追分
岩槻
大門
鳩ケ谷
川口
浦和
蕨
板橋
大宮
上尾
桶川
鴻巣
熊谷
深谷
本庄
新町
倉賀野
高崎
板鼻
安中
松井田
坂本
軽井沢
沓掛
追分
小田井
岩村田
塩名田
八幡
望月
芦田
長久保
和田
下諏訪
上諏訪
金沢
蔦木
教来石
台ケ原
韮崎
甲府柳町
石和
栗原
勝沼
鶴瀬
駒飼
黒野田
白野
阿弥陀海道
初狩
花咲
大月
駒橋
猿橋
鳥沢
犬目
野田尻
鶴川
上野原
関野
吉野
与瀬
小原
小仏
駒木野
八王子
日野
府中
布田五ケ宿
上高井戸
下高井戸
内藤新宿
国領
下布田
上布田
下石原
上石原
品川
川崎
神奈川
保土ケ谷
戸塚
藤沢
平塚
大磯
小田原
箱根
三島
沼津
原
吉原
蒲原
由比
興津
江尻
府中
丸子
岡部
藤枝
島田
金谷
日坂
掛川
今市
鉢石
大沢
徳次郎
板橋
文挟
鹿沼
奈佐原
楡木
金崎
合戦場
栃木
富田
壬生
飯塚
犬伏
天明
梁田
八木
太田
木崎
境
柴
五料
玉村
善光寺
丹波島
屋代
篠ノ井追分
稲荷山
麻績
下戸倉
上戸倉
坂木
上田
海野
田中
小諸
日光東照宮
鬼怒川
利根川
荒川
笛吹川
富士川
大井川
諏訪湖
浅間山
妙義山
八ケ岳
大菩薩嶺
黒岳
高尾山
入笠山
釜無山
甲斐駒ケ岳
霊峰富士
江戸湾
相模灘
駿河湾

五街道と脇街道 概略図

富山湾
若狭湾
揖斐川
長良川
飛騨川
乗鞍岳
御岳山
犀川
天竜川
木曽川
琵琶湖
比叡山
善光寺西街道
中山道
佐屋街道
姫街道
伊勢別街道
伊勢参宮街道
美濃國
尾張國
三河國
遠江國
近江國
伊勢國
山城國
青柳
会田
刈谷原
岡田
松本
村井
郷原
洗馬
本山
塩尻
贄川
奈良井
薮原
宮ノ越
福島
上松
須原
野尻
三留野
妻籠
馬籠
落合
中津川
大井
大湫
細久手
御嶽
伏見
太田
鵜沼
加納
河渡
美江寺
赤坂
垂井
関ヶ原
今須
柏原
醒井
番場
鳥居本
愛知川
高宮
武佐
守山
近江草津
京三条大橋
大津
石部
水口
土山
坂下
関
亀山
庄野
石薬師
四日市
桑名
宮
鳴海
知立
岡崎
藤川
赤坂
御油
吉田
二川
白須賀
新居
舞坂
浜松
見付
袋井
嵩山
三ヶ日
気賀
市野
三方原追分
浜名湖
今切の渡し
遠州灘
三河湾
伊勢湾
熱田の追分
七里の渡し
三里の渡し
日永の追分
佐屋
神守
万場
岩塚
楠原
椋本
窪田
津
神戸
白子
上野
雲出
松坂
小俣
山田
宇治橋
伊勢神宮

ちゃんと歩ける

日光御成道・日光例幣使街道・日光壬生通り

目次

日光御成道　本郷追分……幸手追分

日光例幣使街道（日光例幣使道）　倉賀野追分……楡木宿

―本書の使い方とお願い―

●日光御成道、日光例幣使街道（日光例幣使道）、日光壬生通りは天皇の勅使、徳川歴代将軍そして庶民が日光東照宮に詣でる街道です。本書は可能な限り、江戸時代の道に沿って歩くことをコンセプトにしています。一部、車の往来が激しい道もありますので、無理をせず計画的に歩かれることをお勧めします。

●この地図は、著者が実際に歩いて調査した独自の情報を掲載しています。今は消えてしまった道や宿場・名所なども、できる限り（わかる範囲で）紹介しています。

●宿場間の距離（里程）は江戸時代に調査された『宿村大概帳』によるものです。km表示は実測によるものです。

●本書に記載したデータは2024年8月現在のものです。ホテルや旅館、コンビニエンスストアなどの施設は変更されることがありますので、事前にご確認の上ご出発ください。

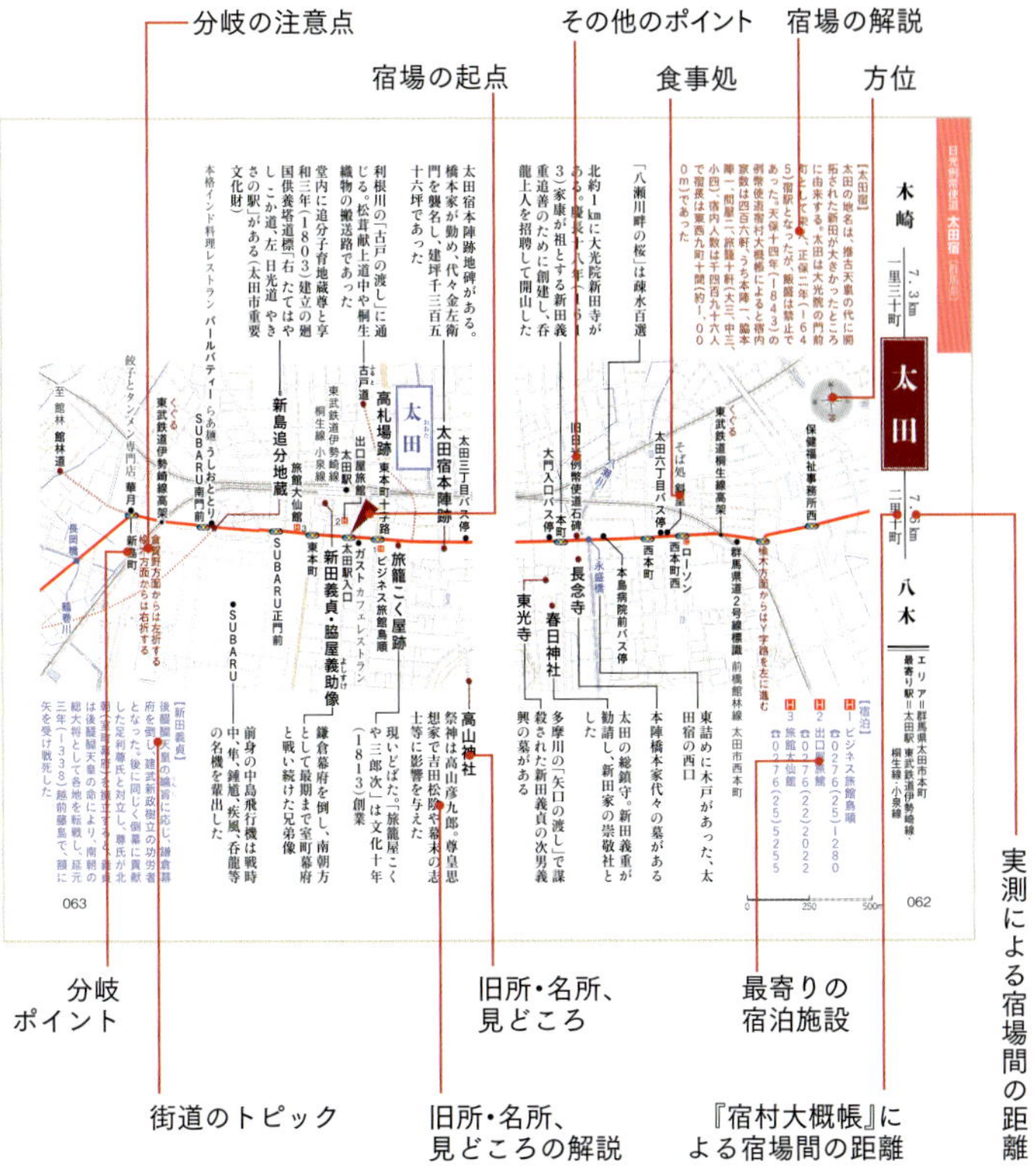

凡　例

赤の大文字：宿場の解説

赤の小文字：街道の分岐などの注意点

青の文字：現在の街道名所、街道名物

日光御成道・例幣使街道・壬生通りの道筋

その他の街道

Ⓒ コンビニエンスストア	〒 郵便局	✚ 病院
GS ガソリンスタンド	文 学校	信号
H 宿泊施設	✕ 警察署・派出所	

● 街道沿いの旧所・名所、見どころなど

▶ 宿場の起点（実測距離の起点）

＊各宿場の起点は必ずしも宿場の中心を示したものではなく、主要な交通機関、もしくは目標になり易い位置に設置している

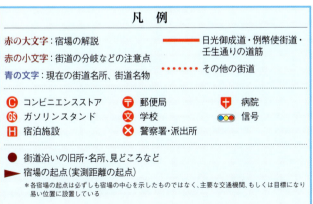

五街道と脇街道の成立

●慶長五年（1600）、関ヶ原の合戦に勝利し天下人となった徳川家康は、その基盤を確実なものにする為、まず諸政策に取り掛かる。その一つが「五街道」の整備だ。天下掌握の根幹は通信網と物流と考え、いち早く東海道の整備に着手し、順次他の四街道を整備。各街道には物資、通信の継立てを円滑に行うため、宿場が設けられた。

●五街道とは江戸日本橋を起点にした東海道、中山道、甲州道中、日光道中、奥州道中の五つを指す。幕府は五街道を道中奉行の管轄下に置くことで、直接管理していた。五街道は今でいう国道であり、諸藩が管轄する街道は県道、市道、町道、村道に該当する。

●また、姫街道や伊勢街道、日光御成道、日光壬生道り、日光例幣使道、善光寺街道など五街道に付随する主要な街道は、脇街道、また脇往還と呼ばれ、こちらも五街道同様、宿駅・一里塚・並木などが整備されていた。

●本書は脇街道のうち日光御成道、日光例幣使道、日光壬生通りを収録した、街道ウォークのための詳細地図である。

●例幣使道の表記はP97参照

五街道と脇街道の総距離

【五街道】

◆東海道 五十三次：江戸日本橋～京三条大橋／百二十六里六町一間
◆中山道 六十九次：江戸日本橋～京三条大橋／百三十五里二十四町八間
◆甲州道中 四十四次：江戸日本橋～下諏訪宿／五十三里二十四町
◆日光道中 二十一次：江戸日本橋～鉢石宿／三十六里三町二間
◆奥州道中 十次：宇都宮宿～白河宿／二十一里八町十四間半

【脇街道】

◇姫街道：浜松宿（見付宿）～御油宿／十三里三十町
◇佐屋街道：熱田の追分～佐屋宿／六里
◇伊勢街道：日永の追分～宇治橋／十五里三十五町
　伊勢別街道：関宿～津宿／五里十八町
◇善光寺街道：追分宿～善光寺宿／十八里三十町
　善光寺西街道：洗馬宿～篠ノ井追分／十五里三十二町
◇日光御成道：本郷追分～幸手追分／十三里一町
◇日光例幣使道：倉賀野追分～楡木宿／二十四里十九町
◇日光壬生通り：喜沢追分～今市宿／十二里二十七町

さあ、日光御成道の歩き旅に出かけよう

本郷追分→幸手追分

本郷追分から幸手追分まで

日光御成道宿村大概帳 十三里一町
実測 47.6km

本郷追分

9.4km
二里十五町

岩淵

エリア＝東京都文京区向丘1丁目
最寄り駅＝東大前駅 東京メトロ南北線 都営バス JR秋葉原駅前バス停〜東大農学部前バス停

現東京大学、赤門（御守殿門）は文政十年（1827）徳川十一代将軍家斉の娘溶《やす》姫が前田家に輿入れした際に、建立された朱塗りの門（重要文化財）

日光御成道の起点、中山道との追分

現東京大学農学部

日本武尊が創祀、文明年間（1469〜87）太田道灌が奉建し、宝永三年（1706）徳川五代将軍綱吉が社殿を造営した（国重文）

大目付を勤めた下総高岡藩主井上政重奥方の開基

参道口に大きな布袋立像がある

加賀藩上屋敷跡
本郷追分 無名信号
本郷弥生
水戸藩中屋敷跡
東大農学部前バス停 至 JR秋葉原駅
根津神社
浩妙《こうみょう》寺
向丘《むこうがおか》一丁目
浄心寺
武蔵國《むさしのくに》
中山道 至 江戸日本橋
本郷追分《ほんごうおいわけ》
高崎屋・追分の一里塚跡
将軍御成道岩槻街道解説板
東大前駅 東京メトロ南北線
中山道 至 京三条大橋
本郷追分バス停
西善《さいぜん》寺
正行《しょうぎょう》寺
北
東
南
西

創業宝暦元年（1751）酒、両替商の大店であった。「追分の一里塚跡」解説板がある、江戸日本橋より一里目で塚木は榎であったが、度々の災害と道路の拡張により消滅した

セブンイレブン前の歩道にある

択捉《えとろふ》島に「大日本恵土呂府」の標柱を立てた幕臣近藤重蔵の墓がある

元禄十五年（1702）造立の「とうがらし地蔵」は咳の病に霊験あらたかという

0 250 500m

慶長九年（1604）徳川家康より寺領を拝領した

徳川将軍家の祈願寺。蘭学の適塾を開いた緒方洪庵の墓がある（文京区史跡）

徳川三代将軍家光が命名した目赤不動尊は江戸五色不動（目白、目黒、目黄、目青）の一つ

長禄二年（1458）太田道灌が江戸城築城の際、井戸から「吉祥」の金印が出土し、吉瑞として城内に堂宇を建立したのが始まり。八百屋お七吉三郎比翼塚、二宮尊徳墓碑、榎本武揚の墓がある

社殿は富士塚（前方後円墳）上に鎮座している

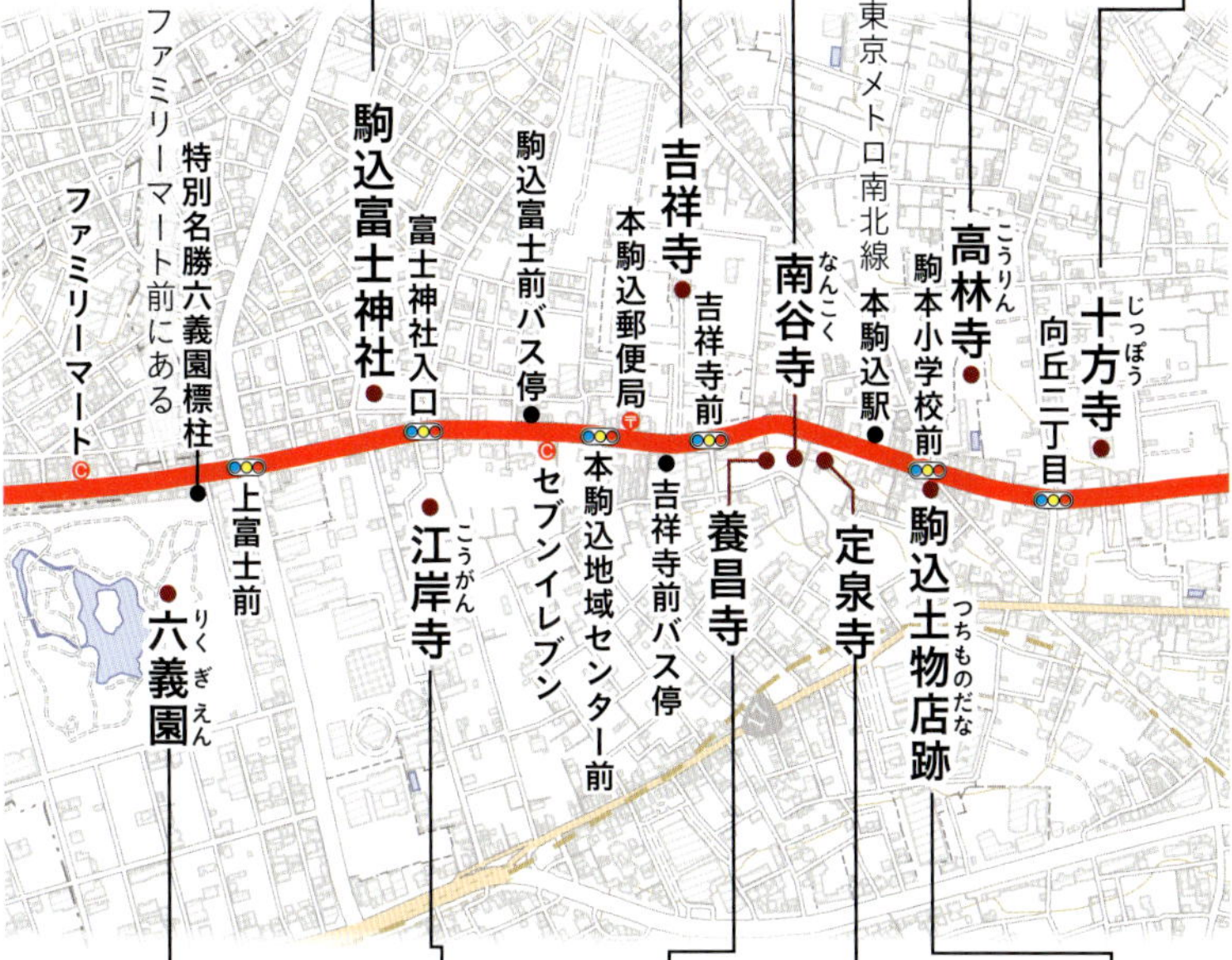
十方寺《じっぽう》
向丘二丁目
高林寺《こうりん》
駒本小学校前
東京メトロ南北線
本駒込駅
南谷寺《なんこく》
吉祥寺前
吉祥寺
本駒込郵便局
駒込富士前バス停
富士神社入口
駒込富士神社
特別名勝六義園標柱
ファミリーマート前にある
ファミリーマート
上富士前
六義園《りくぎえん》
江岸寺《こうがん》
セブンイレブン
本駒込地域センター前
吉祥寺前バス停
養昌寺
定泉寺
駒込土物店跡《つちものだな》

土付き野菜を扱った駒込土物店は後に駒込青物市場となり、神田、千住と並び江戸三大青物市場の一つで御用市場であった

「夢《む》現《げん》地蔵」は貞享二年（1685）八月八日、夢告げにより檀家の床下から掘り出された

樋口一葉が思慕した師半井《なからい》桃水《とうすい》の墓がある

伏見城の戦いで討死にし「三河武士の鑑」と称された鳥居元忠の嗣子《しし》忠政が江戸の菩提寺とした。忠政の供養塔がある

徳川五代将軍綱吉の寵臣側用人柳沢吉保の下屋敷跡（国特別名勝）。綱吉の柳沢邸への御成は五十八回にも及んだ

【六義園】柳沢吉保は元禄八年（1695）、徳川五代将軍綱吉より加賀藩の旧下屋敷跡地を拝領し、約七年の歳月をかけて完成させた回遊式築山泉水庭園で小石川後楽園と共に江戸二大庭園の一つ

寛文八年（1668）駒込の今井家が子孫繁栄を祈願し、地蔵堂を建て子育地蔵尊を安置した

徳川将軍家の奥医を勤めた多紀家の菩提寺

源義家の鎧を埋めた平らな甲冑塚がある

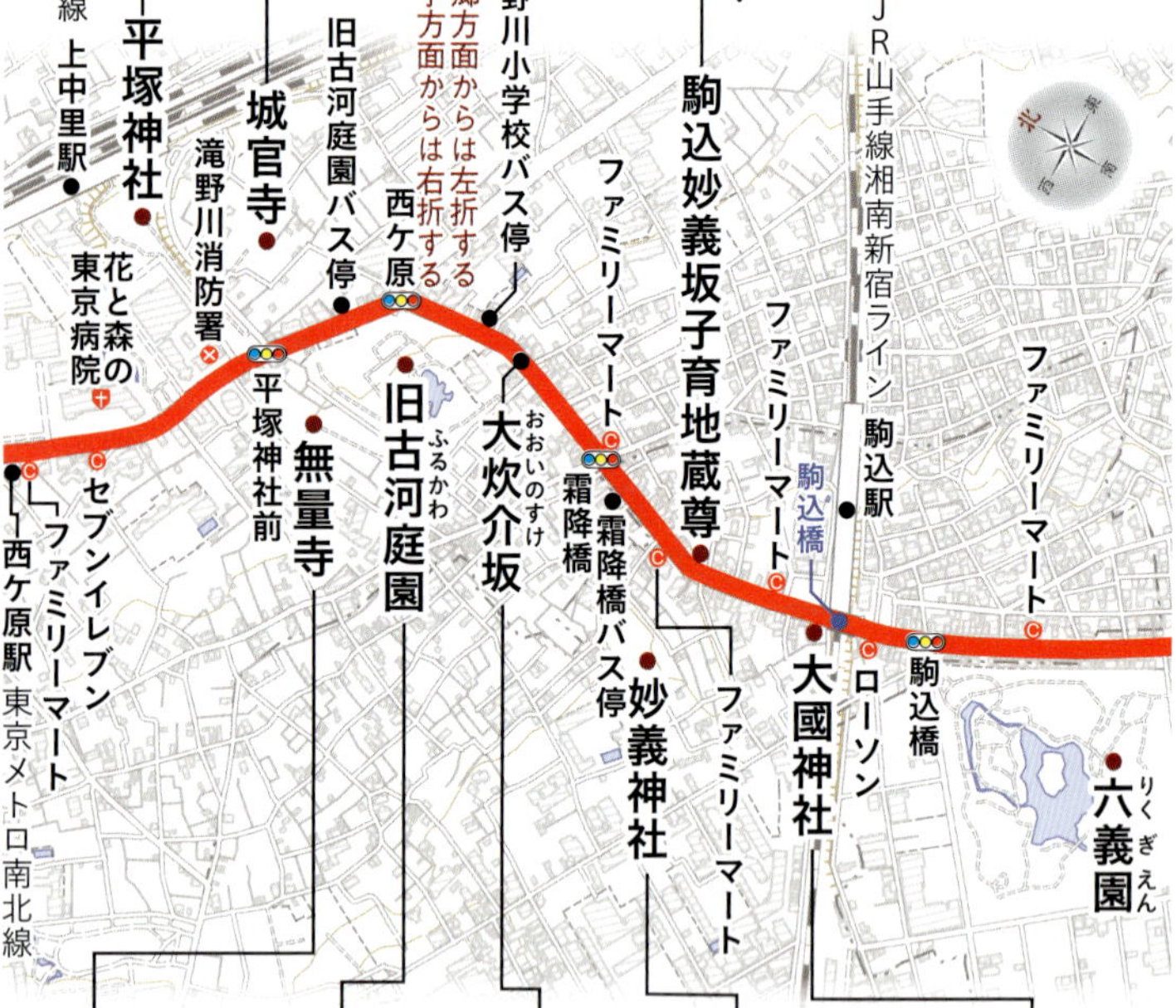
JR京浜東北線
上中里駅
平塚神社
城官寺
滝野川消防署
花と森の東京病院
旧古河庭園バス停
西ケ原
本郷方面からは左折する
幸手方面からは右折する
滝野川小学校バス停
ファミリーマート
駒込妙義坂子育地蔵尊
ファミリーマート
JR山手線湘南新宿ライン
駒込駅
駒込橋
ファミリーマート
平塚神社前
無量寺
旧古河《ふるかわ》庭園
大炊介《おおいのすけ》坂
霜降橋
霜降橋バス停
妙義神社
ファミリーマート
大國神社
ローソン
駒込橋
六義園《りくぎえん》
西ケ原駅 東京メトロ南北線
ファミリーマート
セブンイレブン

徳川家斉が将軍職に就く前に当社に参詣し、後に第十一代将軍となったところから「出世大黒」と称され、家斉から庶民まで広く信仰された

日本武尊が東征の陣を構えた地に、白雉二年（651）創建され、当初「白鳥社」と称した（豊島区最古の神社）

中世の武将保坂大炊介の邸があった

元陸奥宗光の別宅。次男の潤吉《じゅんきち》が古河財閥創始者古河市兵衛の養子となり、古河家の邸となった（国名勝）

江戸六阿弥陀三番。彼岸は一日で六ケ寺を巡り「六つに出て六つに帰る六阿弥陀」と詠われた

0 250 500m

西ケ原村の鎮守。応神天皇等七神を祀っている

徳川八代将軍吉宗が桜を植え名所となった。江戸庶民は桜の名所上野山は将軍家のお膝元で恐れ多いと、飛鳥山に繰り出した

創業慶安元年（1648）厚焼き玉子の老舗。落語「王子の狐」の舞台となった料亭扇屋跡

いずれの方面からもJR線ガードをくぐり、王子駅前歩道橋にて横断する

本郷方面からは左折し、一本目を右折する
幸手方面からはT字路を左折し、一本目を右折して、スグのY字路を左に進む

王子子育地蔵尊にちなみ「地蔵坂」とも呼ばれる

関八州の稲荷惣社。大晦日の夜には関東一円の狐が詣でた

王子村名主畑野孫八の墓がある

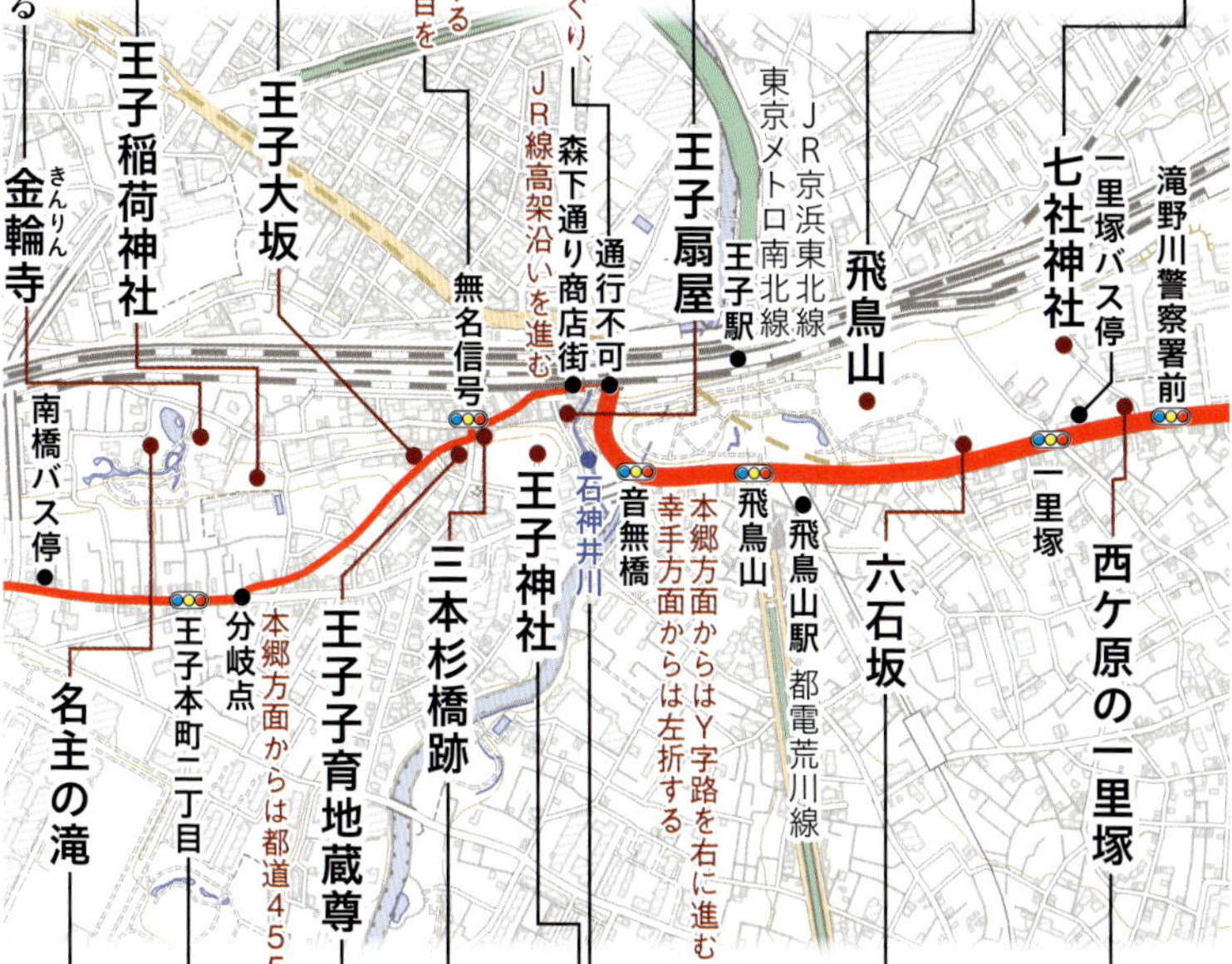

滝野川警察署前
七社神社
一里塚バス停
JR京浜東北線
東京メトロ南北線
飛鳥山
王子駅
王子扇屋
通行不可
森下通り商店街
JR線高架沿いを進む
無名信号
王子大坂
王子稲荷神社
金輪《きんりん》寺
南橋バス停
名主の滝
王子本町二丁目
分岐点
王子子育地蔵尊
三本杉橋跡
王子神社
石神井川
音無橋
本郷方面からはY字路を右に進む
幸手方面からは左折する
飛鳥山
飛鳥山駅
都電荒川線
六石坂
一里塚
西ケ原の一里塚

両塚が現存する（国史跡）。江戸日本橋より二里、本郷追分からは一里目。飛鳥山の渋沢栄一等が保存活動に尽力した

六石坂標石がある。坂上に租六石を納める水田があった

小金井に源を発し、流末は隅田川に落合う

徳川家康は朱印地二百石を寄進し、将軍家祈願所とした

親柱が現存する

戦時中被災し、損傷した

本郷方面からは都道455号線に合流する

幸手方面からは先を斜め左に入る

安政年間（1854〜60）畑野孫八が自邸に滝を造り、開放した

【名主の滝公園】回遊式の庭園で、男滝《おだき》、女滝《めだき》、独鈷《どっこ》の滝《たき》、湧玉《ゆうぎょく》の滝《たき》がある

昭和三十二年（1957）建立

六角堂の「撫《な》で仏」と呼ばれるおびんずる様の身体を撫で、その手で自分を撫でると除病平癒のご利益があるという

八雲神社の別当寺。徳川三代将軍家光日光社参の休息所となった。門前に宝暦二年（1752）造立の六地蔵石幢、宝篋印塔、寛政九年（1797）造立の子育地蔵尊立像がある

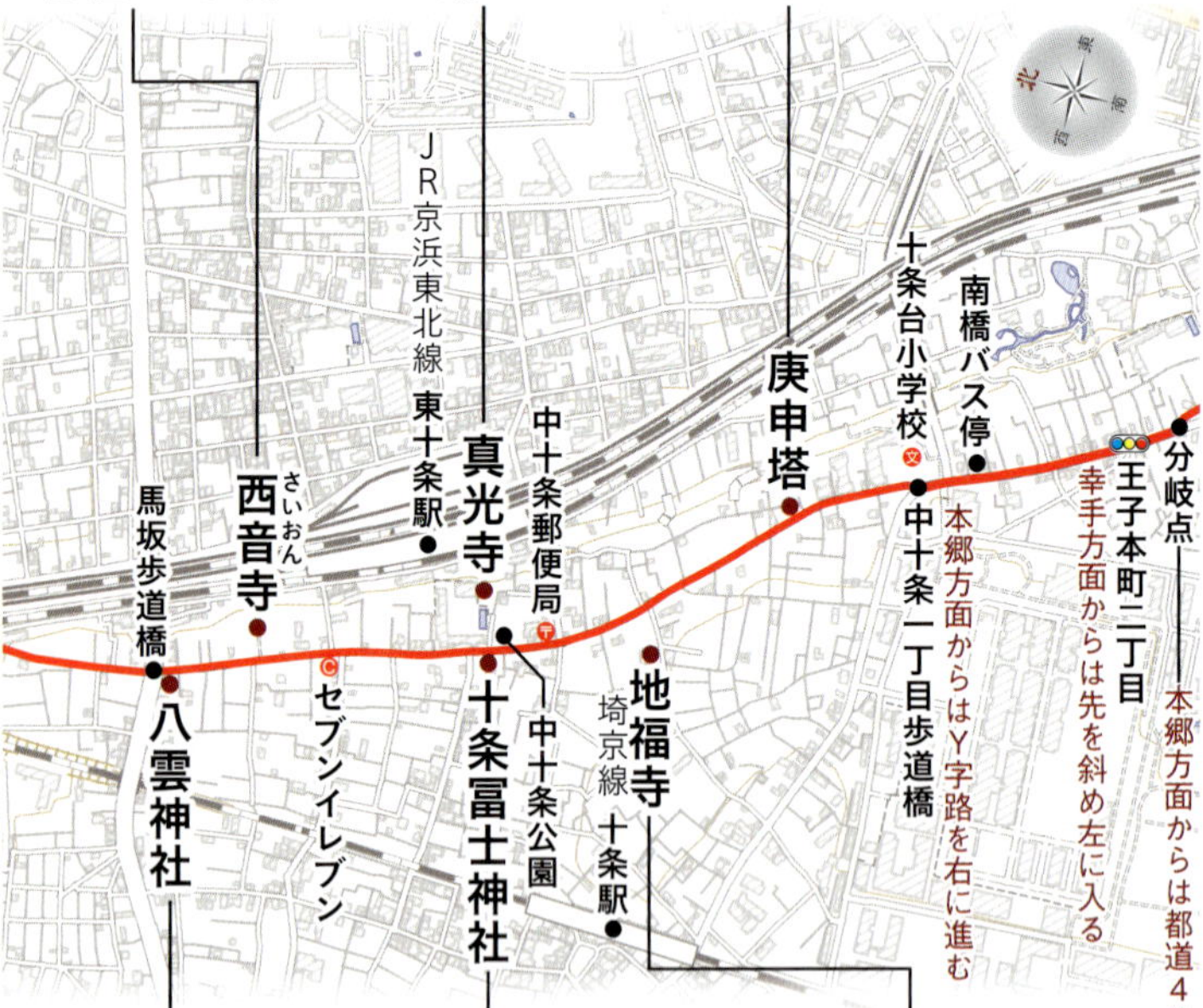
北
東
南
西
分岐点
王子本町二丁目
幸手方面からは先を斜め左に入る
南橋バス停
十条台小学校
中十条一丁目歩道橋
本郷方面からはY字路を右に進む
庚申塔
地福寺
埼京線
十条駅
中十条郵便局
中十条公園
真光寺
十条冨士神社
JR京浜東北線
東十条駅
西音寺《さいおん》
馬坂歩道橋
八雲神社
セブンイレブン

本郷方面からは都道455号線に合流する

将軍の日光社参に際しては休息所を勤め、寛政年間（1789〜800）寺領十二石の御朱印を拝領した。門前の六地蔵の内、左端の地蔵尊は台座に三猿が刻まれた庚申地蔵で王子三地蔵の一つ

富士塚上に富士浅間大神が祀られている。毎年七月一日富士山の山開きの日は賑わう（北区有形民俗文化財）

樹齢三百年の「天王の一本杉」は失われた。境内に天明四年（1784）建立の庚申塔道標「是より左いたばし道」がある

0 250 500m

標識がある。十条の台地から稲付の低地に下る坂で、切通しの崖から絶えず清水が湧き出ていた

「稲付村の一里塚」解説板が新設された。江戸日本橋より三里、本郷追分からは二里目

慶安二年（1649）徳川幕府より十四石二斗の朱印状を拝領した

【稲付の餅搗唄】江戸時代中期頃からこの地に伝わる、正月や祝い事で使う餅を搗くときに唄われる作業唄で、餅を練る際に唄う「稲付千本杵餅練唄」と、搗く際に唄う「稲付千本杵餅搗唄」がある（東京都北区無形民俗文化財）

元文五年（1740）建立
「東 川口善光寺道 日光岩付道 西 西国富士道 板橋道 南 江戸道」

清水坂
くぐる
JR埼京線高架
若宮八幡神社
押ボタン式
赤羽西二郵便局
稲付《いねつけ》の一里塚跡
赤羽警察署赤羽西交番
香取神社
庚申塔道標
普門院
ローソン
静勝《じょうしょう》寺
セブンイレブン
ファミリーマート
JR京浜東北線・埼京線
赤羽駅
赤羽駅ガード
いずれの方面からもT字路を右折し、ガードをくぐり、一本目を左折する
ホテルテトラ赤羽
スーパーホテル東京・赤羽駅東口一番街
セブンイレブン
宝幢《ほうどう》院道標
本郷方面からは右折する
幸手方面からは左折する
宝幢院

八幡山児童遊園内に小社が祀られている

稲付村の鎮守。慶安三年（1650）上野東照宮再建の際、内陣が移設され、通行の大名は下馬をした

明和六年（1769）造立の青面金剛像道標「これよりいたばしみち」

太田道灌築城の稲付城址に創建された太田家の菩提寺。道灌堂の厨子には元禄八年（1695）造立の木造太田道灌坐像が安置されている（東京都北区有形文化財）

徳川三代将軍家光より十石余の年貢、課役免除の朱印を拝領した。北区最古の寛永十六年（1639）造立の阿弥陀如来線刻庚申塔がある

本郷追分
9.4km 二里十五町

岩淵

1.1km 七町
川口

エリア＝東京都北区岩淵町
最寄り駅＝赤羽岩淵駅 東京メトロ南北線
赤羽駅 JR京浜東北線・埼京線

【岩淵宿】

「川口の渡し」を控え賑わった。川口宿とは合宿で問屋業務は月の内十六日から晦日迄を勤めた。天保十四年（1843）の日光御成道宿村大概帳によると宿内家数は二百二十九軒、うち本陣一、脇本陣一、問屋一、旅籠三軒、宿内人数は千二百五十一人（男六百十五人、女六百三十六人）で宿長は南北三町三十一間（約384m）であった

観音像は行基作で、源頼朝の守本尊という

岩淵宿の鎮守。勝海舟が川留の間に描いた大幟旗がある

【川口の渡し】
渡しの権利は川口宿が掌握し、常は舟渡し、将軍日光社参の際は幅三間（約5.4m）長さ六十五間（約117m）の板橋が架橋された

北
岩淵《いわぶち》
岩淵八雲神社
正光寺
大満寺
本尊の薬師瑠璃光如来像は行基作という
東京メトロ南北線
赤羽岩淵駅
赤羽
赤羽岩淵駅バス停
新荒川大橋
セブンイレブン
赤羽岩淵駅バス停
仙甚橋の碑
3 東横イン赤羽駅東口一番街
宝幢院
宝幢《ほうどう》院道標
本郷方面からは右折する
幸手方面からは左折する
岩淵宿問屋場跡
新河岸川《しんかしがわ》
新荒川大橋
荒川
0
250
500m

【宿泊】
H1 ホテルテトラ赤羽（P15）
☎03（5939）7480
H2 スーパーホテル東京・赤羽駅東口一番街（P15）
☎03（3901）9000
H3 東横イン赤羽駅東口一番街
☎03（5939）1045

「史蹟岩槻街道岩渕宿問屋場阯之碑」がある

川越藩主松平信綱が江戸との舟運を開削し、五河岸を設けた

東京都と埼玉県の境

甲武信ケ岳に源を発し、流末は江戸湾に注ぐ

岩淵　1.1km　七町

川口

4.7km　一里十五町　鳩ケ谷

エリア＝埼玉県川口市本町1丁目
最寄り駅＝川口元郷駅　埼玉高速鉄道線
川口駅　JR京浜東北線

【川口宿】川口の地名は荒川の河口に位置するところに由来する。対岸の岩淵宿とは合宿で、問屋業務は月の内十五日迄を勤めた。天保十四年(1843)の日光御成道宿村大概帳によると宿内家数は二百九十五軒、うち本陣一、脇本陣一、旅籠十軒、宿内人数は千四百六人(男七百四人、女七百二人)で宿往還長は南北十三町五十七間(約1,522m)であった

大正時代築

吹き上げ井戸「鍋屋の井」があった

川口宿、岩淵宿の助郷を勤めた

一里塚標石がある。江戸日本橋より四里、本郷追分からは三里目。並びに古峯神社碑がある

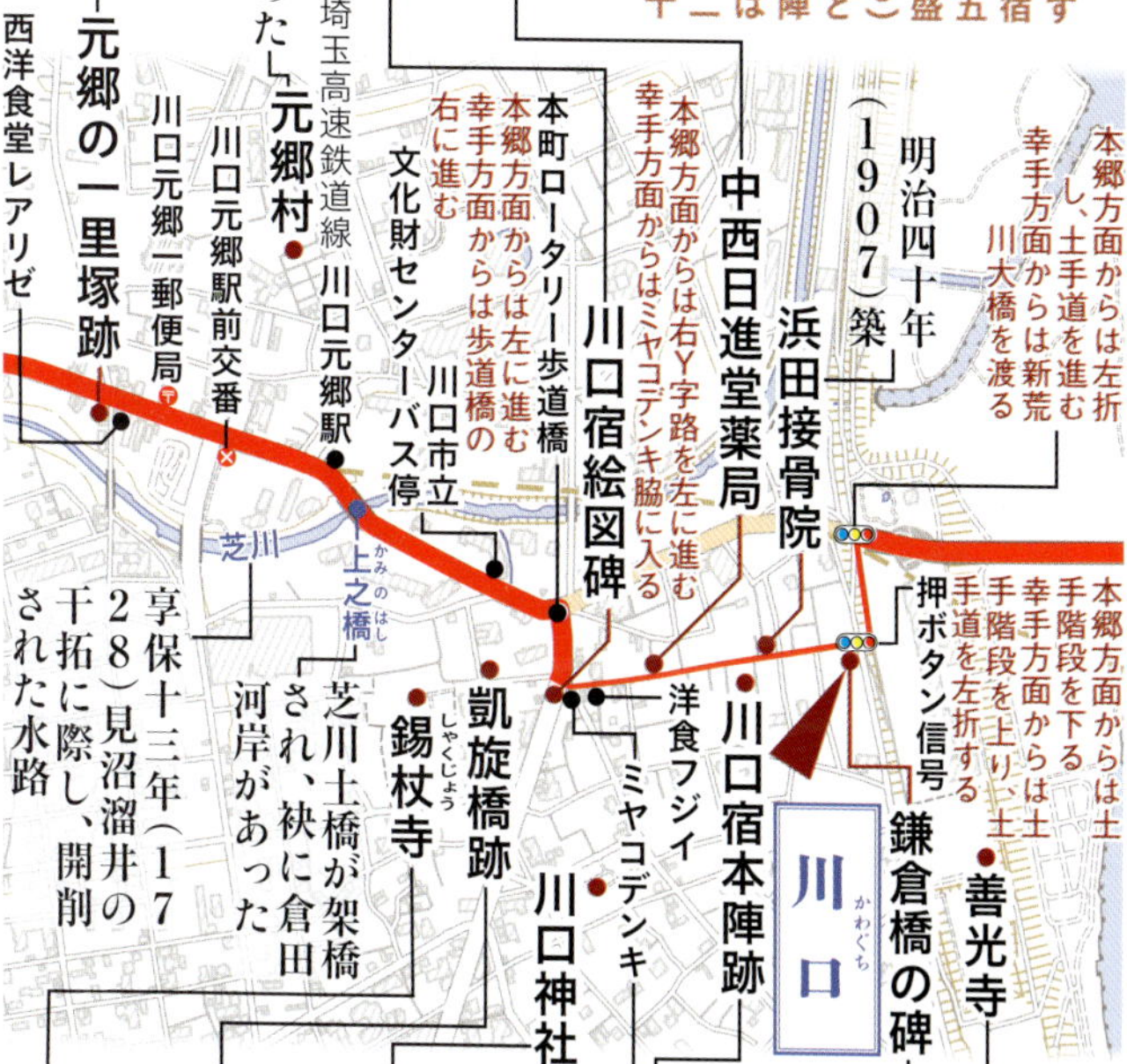

本郷方面からは左折し、土手道を進む
幸手方面からは新荒川大橋を渡る
明治四十年(1907)築
浜田接骨院
中西日進堂薬局
本郷方面からは右Y字路を左に進む
幸手方面からはミヤコデンキ脇に入る
川口宿絵図碑
本町ロータリー歩道橋
本郷方面からは左に進む
幸手方面からは歩道橋の右に進む
川口市立文化財センターバス停
埼玉高速鉄道線　川口元郷駅
元郷村
川口元郷駅前交番
川口元郷一郵便局
元郷の一里塚跡
西洋食堂レアリゼ
芝川
上之橋《かみのはし》
本郷方面からは土手階段を下る
幸手方面からは土手階段を上り、土手道を左折する
押ボタン信号
善光寺
鎌倉橋の碑
川口《かわぐち》
川口宿本陣跡
洋食フジイ
ミヤコデンキ
川口神社
凱旋橋跡
錫杖寺《しゃくじょう》
芝川土橋が架橋され、袂に倉田河岸があった
享保十三年(1728)見沼溜井の干拓に際し、開削された水路

本尊は模鋳の信濃善光寺三尊仏。江戸庶民の手軽な「善光寺詣り」として賑わった

源頼朝が挙兵すると、義経は奥州平泉より馳せ参じ、この地で兵を改めた

永瀬家が勤め、問屋名主を兼ねた。本陣表門を残している

この辺りが川口宿の北口

大宮氷川神社を勧請し、川口の総鎮守とした

日露戦争出征兵士の凱旋を祝して架橋された石橋。向いに御成街道碑がある

日光社参将軍は御座所にて昼餉を摂った

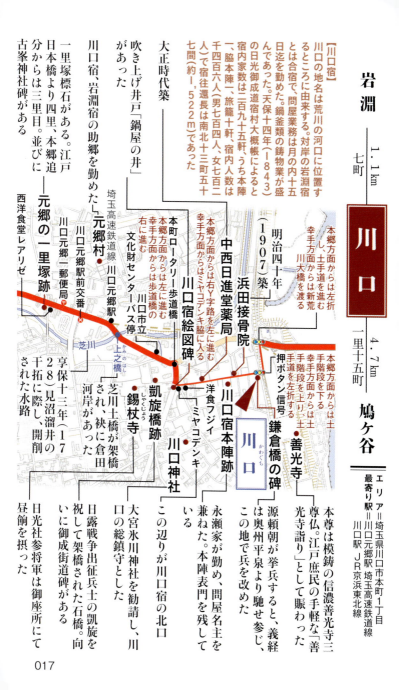

大正時代築の三階建洋館と昭和十年（1935）増築の和館（国重要文化財）。材木商と麦麹味噌醸造業で財を成した

その昔、十二月の晦日《みそか》に狐がスギの葉を植えたという。村内に村持ちの稲荷社がある

元禄十五年（1702）造立の青面金剛像

岩淵宿の助郷を勤めた。この辺りは低地で蓮根、慈姑《くわい》を産した

二軒在家村

樋爪村から分村し、化政期（1804～29）の村内家数は十四軒であった。川口宿、岩淵宿の助郷を勤めた

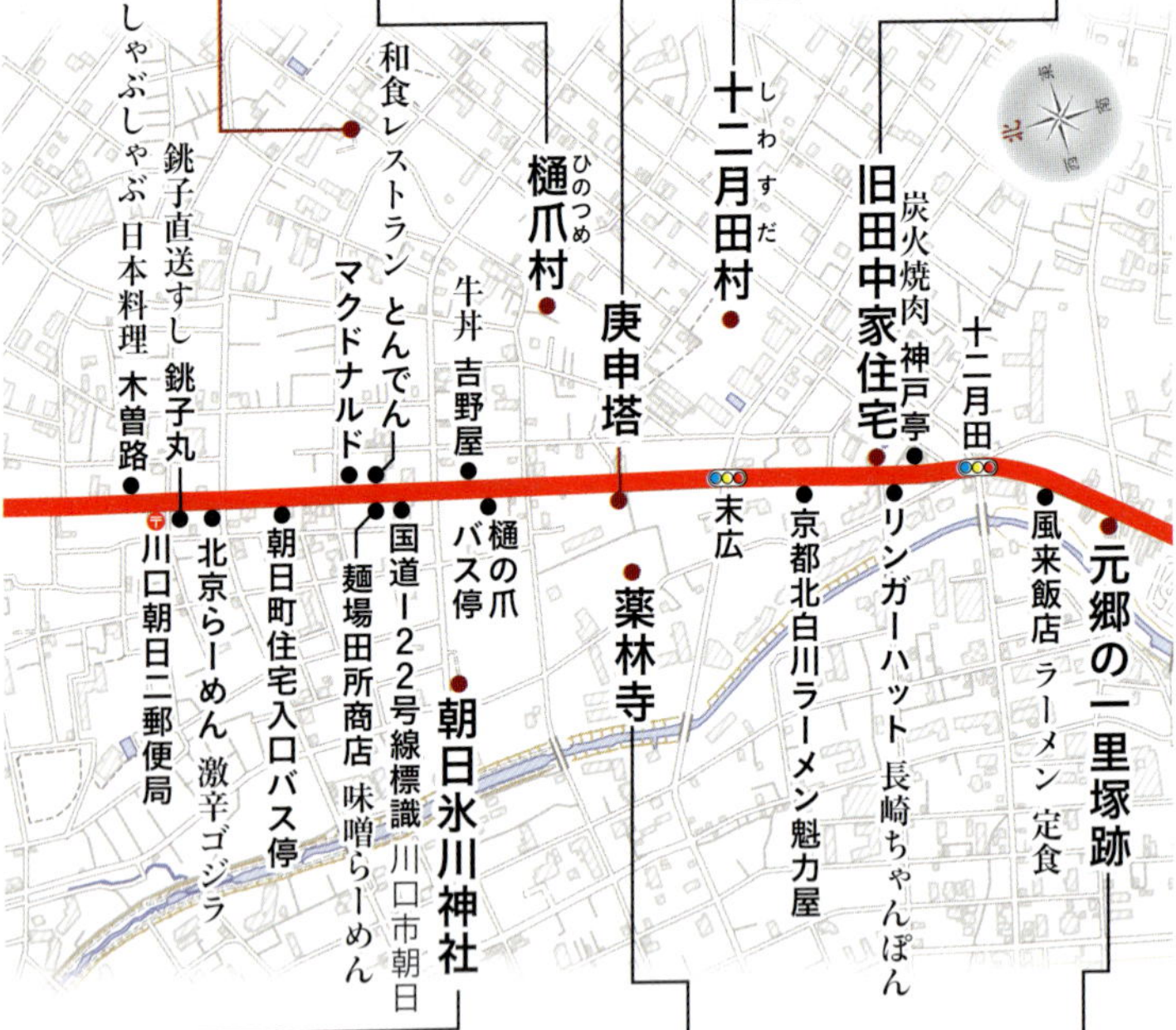

元郷の一里塚跡
風来飯店 ラーメン 定食
十二月田
リンガーハット 長崎ちゃんぽん
炭火焼肉 神戸亭
旧田中家住宅
京都北白川ラーメン魁力屋
末広
十二月田村《しわすだ》
庚申塔
薬林寺
樋爪村《ひのつめ》
牛丼 吉野屋
樋の爪 バス停
朝日氷川神社
国道122号線標識 川口市朝日
麺場田所商店 味噌らーめん
和食レストラン とんでん
マクドナルド
朝日町住宅入口バス停
北京らーめん 激辛ゴジラ
銚子直送すし 銚子丸
しゃぶしゃぶ 日本料理 木曽路
川口朝日二郵便局
0
250
500m

一里塚標石がある。江戸日本橋より四里、本郷追分からは三里目。並びに古峯神社碑がある

天文八年（1539）建立の薬師堂に安置されている薬師如来像は「岡の薬師」と呼ばれ川口三薬師（慈林寺、光音寺）の一つ

樋爪村、十二月田村、前田村、二軒在家村の鎮守で薬林寺が別当寺であった。御神木の大イチョウは「乳銀杏」と呼ばれ、気根と呼ばれるコブに触れると子授け、安産、母乳に霊験あらたかという

本堂に安置されている地蔵菩薩像は何度修復しても左手が欠けてしまうという「手かけ地蔵」で、弘法大師作と伝わる。境内の寛文五年（1665）造立の阿弥陀庚申塔には、阿弥陀如来像、三猿、二鶏が陽刻されている（川口市有形民俗文化財）

大宮台地に源を発し、流末は芝川水門を経て荒川に落合う

鵜《う》が棲息し「鵜淵」と呼ばれ、転訛し小淵になった

辻村や小淵村までは徳川将軍家、鳩ケ谷宿から北は御三家の紀伊徳川家の鷹場であった。境を示す鷹場定杭は七寸（21㎝）角、高さは一丈三尺（3.9m）で、杭の周囲には囲いが施されていた

至 日光道中千住宿
南鳩ケ谷駅バス停
とんかつ カツ丼 かつや
実正寺《じっしょう》
南鳩ケ谷駅
新芝川
小祠
南鳩ケ谷駅 埼玉高速鉄道線
安楽亭 炭火焼肉
中居バス停
国道122号線標識 川口市南鳩ケ谷
鳩ケ谷大橋
変電所バス停
ファミリーマート
松原清嵐碑
ローソン
鳩ケ谷変電所前
本郷方面からは三差路を右に進む
小淵村《おぶち》
辻村
三ツ和T字路
鳩ケ谷三ツ和郵便局
鳩ケ谷庁舎バス停
カフェレストラン ガスト
鳩ケ谷庁舎（西）
鳩ケ谷宿碑
千住道
江戸時代の宿村境
保坂家旧家
紀伊殿鷹場定杭跡《さだめぐい》
亀田屋 中華料理
とんぼ橋跡

小社と青面金剛像庚申塔を安置している

昭和三年（1928）「鳩ケ谷八景」に選定された。松原の景勝地であったが国道の拡幅や土地開発で失われた

往還の辻に由来する。化政期の村内家数は六十四軒であった

「ここから北日光御成道←鳩ケ谷宿」

「→辻村／鳩ケ谷宿←」標識がある

延宝五年（1677）平柳用水堀に架橋された。石材が残存する（川口市有形文化財）

川口

4.7km 一里十五町

鳩ケ谷

6.8km 二里二十五町

大門

エリア＝埼玉県川口市鳩ケ谷本町
最寄り駅＝鳩ケ谷駅 埼玉高速鉄道線

【鳩ケ谷宿】

三八市が立ち物資の集散地として賑わい、宿並には米穀問屋や織物中継商が軒を連ねた。天保十四年（1843）の日光御成道宿村大概帳によると宿内家数は二百十七軒、うち本陣一、脇本陣一、問屋一、旅籠十六軒、宿内人数は九百六人（男四百四十一人、女四百六十五人）で宿長は南北四町二十間（約473m）であった

【宿泊】
H― 鳩ケ谷ビジネスホテル ☎048(283)2249

享保十三年（1728）開削。利根川から引水し、十六ケ村の田を潤し、流末は毛長川に落合う

藤屋洋品店脇に解説板がある。舟戸家が勤め、問屋、名主を兼ね、建坪は七十三坪であった

標柱がある。「三八市」が立った

川口市郷土資料館
川口市立文化センター分館

天保九年（1838）創建（川口市有形民俗文化財）。「三八市」の守護神

紀伊殿鷹場定杭《さだめぐい》跡
保坂家旧家
とんぼ橋跡
長さ五間（約9m）であった
江戸時代の宿村境
鳩ケ谷宿碑
中華料理 亀田屋
昭和橋
見沼代用水東縁《ひがしべり》
うなぎ割烹 湊家
吹上橋
鳩ケ谷《はとがや》
鳩ケ谷宿本陣跡
鳩ケ谷の一里塚跡
本町一・氷川神社
御成坂公園
園内に日光社参行列を描いたタイル壁画やからくり時計がある
鳩ケ谷駅 埼玉高速鉄道線
蕨道
至 中山道蕨宿
北
東
南
西
市場杭跡
割烹鰻 いせ庄
北西酒店
氷川神社
市神社《いちがみしゃ》
そば処 壽庵
高札場跡
セブンイレブン
小谷三志《おだにさんし》の旧宅跡
桜町一丁目バス停
浦寺村
武南警察署鳩ケ谷交番
法性《ほうしょう》寺
良縁地蔵
地蔵院
鳩ケ谷ビジネスホテル
桜町五丁目
越谷道道標
0
250
500m

一里塚跡標柱が左右にある。塚木はエノキであった。江戸日本橋より五里、本郷追分からは四里目

鳩ケ谷の総鎮守。徳川家康は上杉征伐の途次、境内で休息した

店舗と蔵（登録有形文化財）

解説板がある。慶応四年（1868）太政官布告の高札を三枚残している

柿渋の「赤山渋」が名産。防水、防湿、防腐剤であった

地蔵院駐車場にある。正徳元年（1711）の造立

本尊の地蔵菩薩像は行基作（埼玉県文化財）。樹齢六百年のタブノキがある

新井宿村の鎮守。足の神として信仰され、願掛けは履物を奉納する

子日神社の別当寺。文政三年（1820）建立の庚申塔道標「北　大門道　東　千住道」がある

化政期の村内家数は二十五軒であった

【鳩ケ谷藩】

法性寺駐車場辺りは鳩ケ谷藩陣屋跡。家康の家臣阿部正次は「関ケ原の合戦」で戦功を挙げ、一万石を拝領して鳩ケ谷藩を立藩した。さらに「大坂の陣」でも武功を挙げ、三万石に加増され元和三年（1617）上総大多喜藩に転封となり、鳩ケ谷藩は幕府領となった

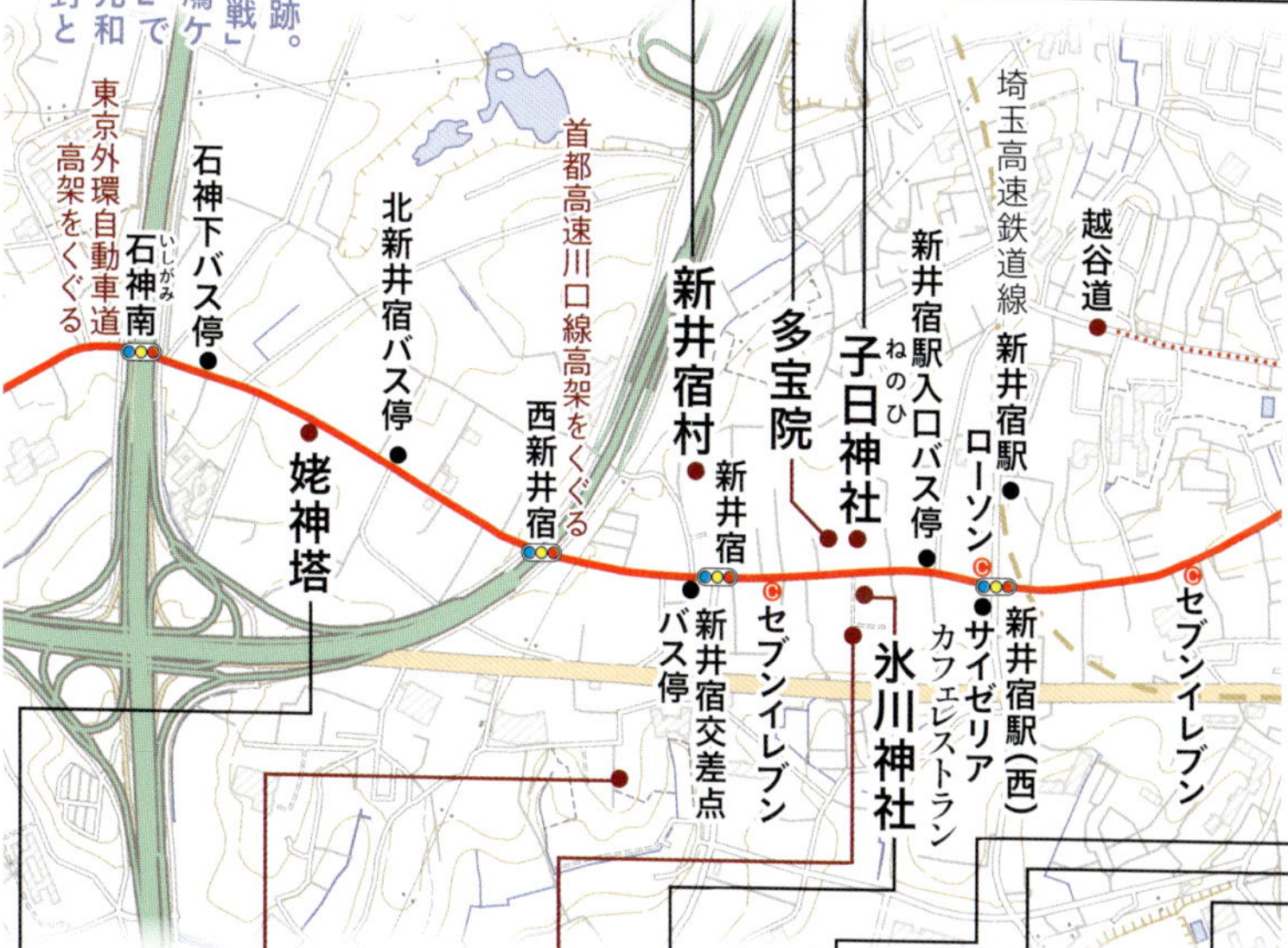

解説板がある。富士講の一派「不二道」の開祖で富士山に女人を初登頂させた

文明八年（1476）太田道灌の創建。山門は足利時代末期の建立

文政五年（1822）建立「従是右こしかや道二里」。安行を経て日光道中越ケ谷宿に至る

西新井宿村の鎮守。鳥居の傍らに高札場があった

宝蔵寺
氷川神社の別当寺。永正十五年（1518）建立の二十一仏庚申待供養板碑がある（川口市有形文化財）

西新井宿村
元禄年間（1688〜704）新井宿村より分村し、化政期の村内家数は五十一軒であった

祠内に姥慈愛の守護神がある

コウヤマキは樹齢八百年（川口市天然記念物）、元文二年（1737）造立の地蔵菩薩道標「南 江戸ほんがう道 東 江戸あさ草道 北 いわつき道」（川口市有形文化財）がある。享保十三年（1728）徳川八代将軍吉宗日光社参の際、休息所となった

化政期の村内家数は六十七軒で、立場があった

女郎仏を祀っている。嵐の後、若い女の行き倒れがあった。余りにも美しく、可憐で身分不明なところから「女郎では」といわれた。「下の病」に霊験あらたかという

一里塚ポケットパークがある。江戸日本橋より六里、本郷追分からは五里目。宝暦八年（1758）造立の三面六臂馬頭観音像がある

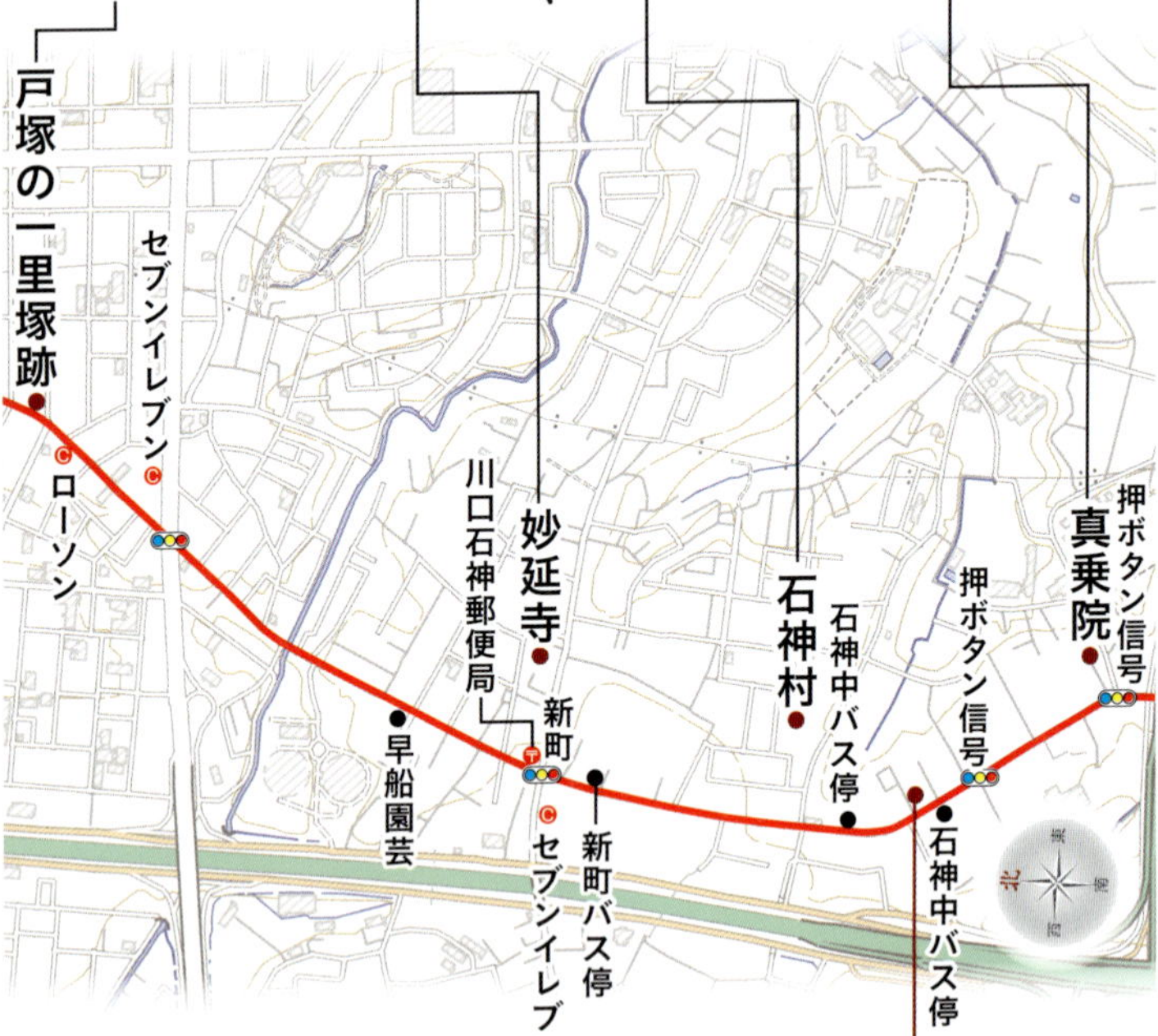

石神の御嶽塚

木曽御嶽塚上の覆屋内に石像が三体ある、中央が御嶽大権現

【赤山城跡】

東方約1kmの赤山に赤山城址がある。伊奈氏は信濃國伊奈郡の出身で、三河の徳川家に仕え、家康の江戸入府に同行し、鴻巣、小室一万石を拝領し、関東郡代職を勤め、関八州の幕領を管理した。三代目忠治は幕府より赤山領七千石を賜り、寛永六年（1629）赤山城を築き、居城と陣屋とした

0　250　500m

化政期の村内家数は百八十軒であった

芭蕉句碑「尊《たふと》がる涙や染めて散る紅葉」がある。元禄二年（１６８９）芭蕉が訪れて吟じた句。詠まれた樹齢千年の「大山紅葉」は空襲で被災し枯れてしまった

戸塚村の鎮守。高台の景勝地で、別当寺の延寿寺（廃寺）は日光社参将軍の休息所であった

初期の日光御成道。「宇都宮城釣天井事件」に遭遇した徳川二代将軍秀忠はこの道筋に「釣上新田」があり、この「釣」を嫌い、御成道を付け替えたという

JR武蔵野線　埼玉高速鉄道線
戸塚村
本行寺
東川口駅
諏訪神社
東川口一郵便局
岩槻宿下道《しもみち》
貝殻坂
不動祠
身代り不動尊
ファミリーマート
戸塚支所西
北原村

化政期の村内家数は三十軒であった

身代り不動尊は正しくは「大日大聖身代り不動明王」といい、悪を倒し、人々を煩悩から救う。並びに地蔵菩薩立像、六地蔵、青面金剛像庚申塔等がある

石造不動明王坐像を安置している

【宇都宮城釣天井事件】元和八年（１６２２）徳川二代将軍秀忠は日光社参の帰路、宇都宮城での宿泊を急遽取り止めた。城内の湯殿に釣天井が仕掛けられ、秀忠の圧死を計画した謀反との伝説を生んだ。実態は秀忠の若い側近と家康の旧臣本多正純との確執に他ならない

鳩ケ谷

6.8km 二里二十五町

大門

10.5km 二里十一町

岩槻

【大門宿】

地名は大門神社に由来する。岩槻藩領であったが、元禄十年（1697）日光御成道の宿駅になると幕府領となった。天保十四年（1843）の日光御成道宿村大概帳によると宿内家数は百八十軒、うち本陣一、脇本陣一、問屋一、旅籠六軒、宿内人数は八百九十六人（男四百六十六人、女四百三十人）で宿長は東西七町二十三間（約805m）であった

大門村、下野田村の鎮守。愛宕社向拝の「竜」は左甚五郎作という。この竜は夜毎田畑を荒らし回るので、釘付けにすると収まった

徳川家康より三十石の寺領を拝領し、葵紋を掲げている。文政四年（1821）建立の徳本南無阿弥陀佛名号碑がある

大門《だいもん》
大門神社
お好み焼き もんじゃ KANSAI
美園郵便局バス停
大門小学校入口バス停
大門小学校入口
本郷方面からは左折する
幸手方面からは斜め右に入り、
スグのY字路を左に進む
ローソン
押ボタン信号
大門神社赤鳥居
浦和美園郵便局
大門宿本陣跡
押ボタン信号
大門宿脇本陣跡
大門バス停
大門（上）
大門バス停
大門北
大興寺
北
東
西
南
いずれの方面からもY字路を左に進む

0 250 500m

元禄七年（1694）築の茅葺寄棟造り長屋門を残している（埼玉県史跡）。会田家が勤め問屋、名主、紀州家鷹場の鳥見役を兼ねた

安永五年（1776）築の茅葺寄棟造り長屋門を残している（さいたま市有形文化財）。徳川十代将軍家治の日光社参の際、しんがり役を勤めた伊予松山藩主松平定静《さだきよ》は本陣に、同役の播磨姫路藩主酒井忠以《ただざね》は脇本陣に宿泊した

【宿泊】
H ビジネスホテルレンド（東川口駅前）
☎048（229）4381

エリア＝埼玉県さいたま市緑区大門
最寄り駅＝東川口駅 JR武蔵野線 埼玉高速鉄道線

日光御成道は東北自動車道の敷設により分断された。西浦陸橋にて迂回する

庚申供養塔、文化二年（1805）造立の青面金剛像庚申塔、天明四年（1784）建立の馬頭観音等がある

セブンイレブン駐車場の奥に三基の馬頭観音と安永七年（1778）造立の三面六臂馬頭観音像がある

安永六年（1777）造立の笠付青面金剛像

祠内に享保五年（1720）造立の笠付青面金剛像がある

村民は綾瀬川流域の新田開発に従事した。旗本加藤氏の知行地であった

【玄蕃新田の一里塚】
玄蕃新田村地内にあったが位置は不明。江戸日本橋より七里、本郷追分からは六里目

中野田村
化政期の村内家数は三十八軒で、旗本春日氏の知行地であった

成田不動尊
不動明王を安置し、厄除開運、健康長寿、商売繁昌、学業成就などにご利益があるという

正八幡宮
代山村の鎮守。化政期の村内家数は三十軒で高札場が二ケ所あった

石仏
墓地内にある

さいたま市消防団美園第2分団
そばぎり場 しのうち
中野田バス停
野田小学校バス停
浦和東警察署野田駐在所
浦和学院高校入口バス停
浦和代山《だいやま》郵便局
らーめん 一代元
手打そば 砂場
浦和東高校入口バス停
浦和東高校入口
代山バス停
福燕 中華料理
野田小学校
ファミリーマート
北
東
南
西
0
250
500m

石仏群
墓地内にある

国昌寺
山門に「菊花紋」がある。二世住職の文龍は書に秀で、後陽成、後水尾天皇から召され、宮中で書を教授した。山門の欄間に左甚五郎作の「竜」がある。棺が門をくぐると遺体が喰われたといわれ「開かずの門」になっている

総持院
約六百五十株のボタンがあり、「ボタン寺」と呼ばれる

辻村
化政期の村内家数は七十軒で、大門宿の助郷を勤めた

鷲神社
辻村の鎮守。祭礼に「辻の獅子舞」が奉納される（埼玉県無形文化財）

上野田氷川神社
上野田村の鎮守。安永二年（1773）造立の青面金剛像庚申塔や境内社に稲荷社、琴平社、疱瘡社がある

照光寺
上野田氷川神社の別当寺であった

深井家長屋門
上野田村天領分の名主を勤めた（さいたま市有形文化財）

埼玉県道105号線標識 さいたま鳩ケ谷線さいたま市寺山

標識がある。この辺りは江戸界隈に苗木を供給する産地であった。今でも街道筋には植木商が多数ある

祠内に地蔵立像と文化二年（1805）建立の石塔「為諸病悉《しょびょうしつ》除《じょ》村中安全」がある

祭神は学問の守護神菅原道真。境内に延慶三年（1310）建立の板石塔婆等があり、参道口には明和五年（1768）造立の青面金剛像庚申塔がある

天久保坂《あまくぼ》
さぎ山記念公園バス停
埼玉県道105号線標識
さぎ山記念公園案内標識
上野田村
上野田
地蔵祠
上野田天神社
セブンイレブン
膝子下バス停
膝子《ひざこ》芝宮バス停
埼玉県道105号線標識
埼玉県道105号線標識
さいたま東営業所バス停
10

埼玉県道105号線標識 さいたま鳩ケ谷線さいたま市上野田

さぎ山記念公園
「野田の鷺山」と呼ばれ、紀州徳川家御囲鷺として保護された。国特別天然記念物に指定されたがサギの飛来が途絶え解除された

化政期の村内家数は三十六軒であった

埼玉県道105号線標識 大宮鳩ケ谷線 浦和市上野田

埼玉県道105号線標識 さいたま鳩ケ谷線さいたま市膝子

【別当寺《べっとう》】神社の祭神が仏の権現であるとされた神仏習合の時代に、神社を管理するために置かれた寺。神前読経など神社の祭祀を仏式で行った。神社で最も権力があったのは別当で、宮司はその下に置かれた

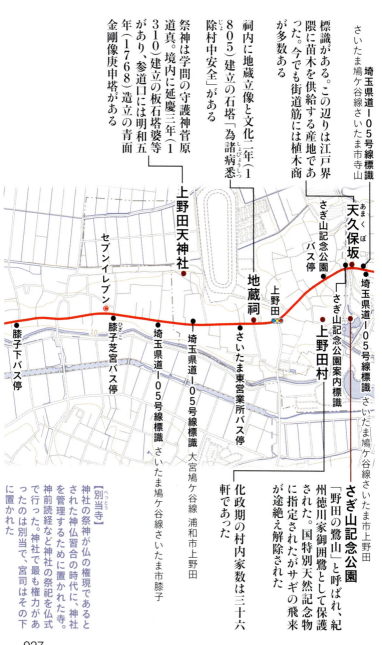

徳川三代将軍家光より十三石の寺領を拝領し、日光社参将軍の休息所であった

化政期の村内家数は九十三軒であった。農婦が産み落とした赤子の姿が膝の様であったという

膝子村の鎮守。推定樹齢三百年の大ケヤキ（御神木）や弘化四年（1847）建立の庚申祭道標「向 明けん（妙見）い王つき道 左 南部十王道」がある

円空阿弥陀像（さいたま市文化財）は「埼玉県立歴史と民俗の博物館」に寄託されている。嘉暦四年（1329）建立の板碑がある

仏道修行を妨げる第六天魔王を祀っていたが、神仏分離により第六天神社となった

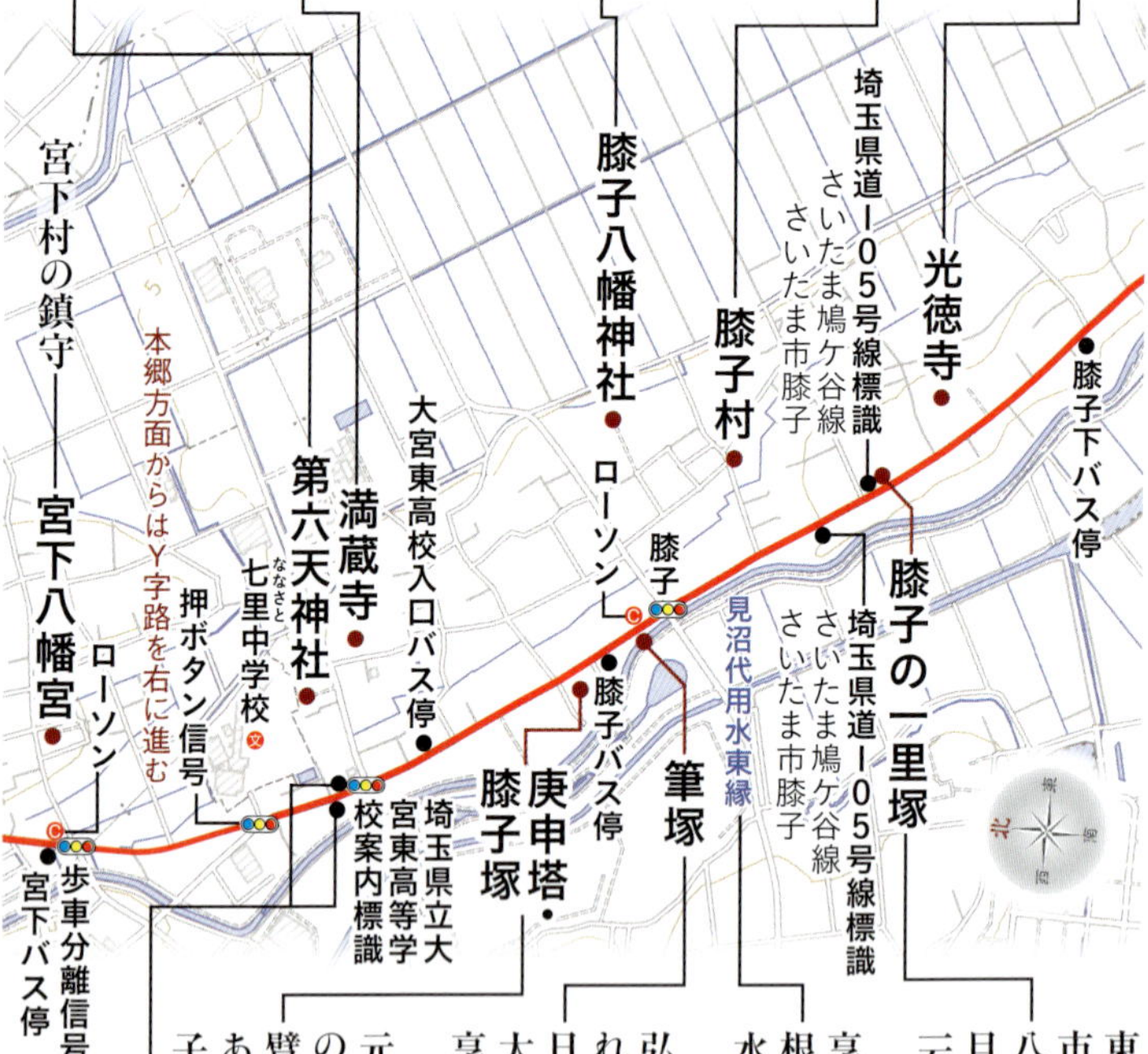
光徳寺
膝子村
膝子八幡神社
埼玉県道105号線標識
さいたま鳩ケ谷線
さいたま市膝子
膝子下バス停
膝子の一里塚
埼玉県道105号線標識
さいたま鳩ケ谷線
さいたま市膝子
見沼代用水東縁
筆塚
膝子バス停
膝子
ローソン
庚申塔・膝子塚
大宮東高校入口バス停
埼玉県立大宮東高等学校案内標識
満蔵寺
第六天神社
七里《ななさと》中学校
押ボタン信号
本郷方面からはY字路を右に進む
宮下村の鎮守
宮下八幡宮
ローソン
歩車分離信号
宮下バス停
埼玉県道105号線標識
さいたま鳩ケ谷線
さいたま市東宮下
0
250
500m

東塚が現存する（さいたま市史跡）。江戸日本橋より八里、本郷追分からは七里目。塚には弘法大師坐像と二石六地蔵石塔がある

享保十三年（1728）利根川から引水する灌漑用水路として開削された

弘化元年（1844）生まれ、絵師森田久蔵の筆塚。日本美術協会に所属し、大正八年（1919）逝去、享年七十七歳であった

元禄十年（1697）造立の青面金剛立像合掌型六臂庚申塔。奥に膝子塚がある、「膝のような姿の赤子」を埋葬したという

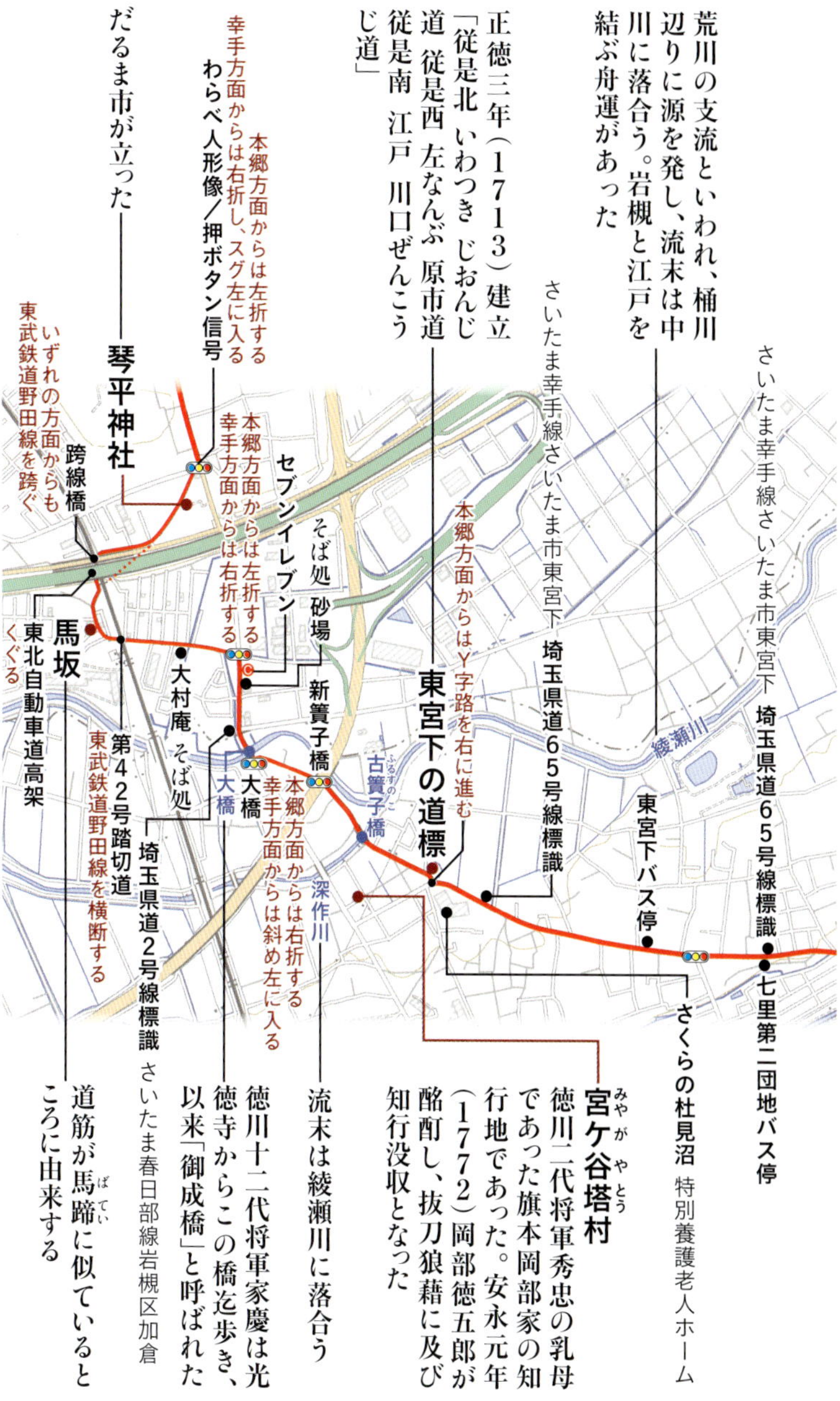
荒川の支流といわれ、桶川辺りに源を発し、流末は中川に落合う。岩槻と江戸を結ぶ舟運があった
綾瀬川
さいたま幸手線さいたま市東宮下 埼玉県道65号線標識
東宮下バス停
さいたま幸手線さいたま市東宮下 埼玉県道65号線標識
正徳三年（1713）建立「従是北 いわつき じおんじ道 従是西 左なんぶ 原市道 従是南 江戸 川口ぜんこうじ道」
東宮下の道標
本郷方面からはY字路を右に進む
古箕子《ふるすのこ》橋
新箕子橋
そば処 砂場
セブンイレブン
本郷方面からは左折する
幸手方面からは右折する
本郷方面からは左折する
幸手方面からは右折し、スグ左に入る
わらべ人形像／押ボタン信号
だるま市が立った
琴平神社
跨線橋
いずれの方面からも
東武鉄道野田線を跨ぐ
七里第二団地バス停
さくらの杜見沼 特別養護老人ホーム
宮《み》ケ《や》谷《が》塔《やとう》村
徳川二代将軍秀忠の乳母であった旗本岡部家の知行地であった。安永元年（1772）岡部徳五郎が酩酊し、抜刀狼藉に及び知行没収となった
深作川
流末は綾瀬川に落合う
大橋
徳川十二代将軍家慶は光徳寺からこの橋迄歩き、以来「御成橋」と呼ばれた
大橋
本郷方面からは右折する
幸手方面からは斜め左に入る
大村庵 そば処
埼玉県道2号線標識 さいたま春日部線岩槻区加倉
第42号踏切道
東武鉄道野田線を横断する
馬坂
道筋が馬蹄《ばてい》に似ているところに由来する
東北自動車道高架
くぐる

大門 10.5km 二里十一町

岩槻

15.1km 四里 幸手追分

エリア=埼玉県さいたま市岩槻区本町
最寄り駅=岩槻駅 東武鉄道野田線

元禄十五年(1702)造立の笠付青面金剛像庚申塔がある

天文元年(1532)創建時の山門は近年撤去された

本尊の阿弥陀如来坐像は行基作

昭和五年(1930)築の旧岩槻警察署

永禄三年(1560)創建の市神

創業嘉永年間(1848~54)銘菓「栗最中」の老舗

創業明治四年(1871)銘酒「大手門」「瑞薫《ずいくん》」の蔵元

岩槻藩遷喬館《せんきょうかん》
儒学者児玉南柯《なんか》の私塾で、後に藩校となった(埼玉県史跡)

岩槻人形博物館
日光東照宮造営に従事した職人達が定住し、人形作りを始めた

わらべ人形像/押ボタン信号
久伊豆神社
洞雲寺
岩槻《いわつき》
西光寺
セブンイレブン本町一丁目
岩槻郷土資料館
八雲神社
田中屋本店
そば処 やぶそば
ビジネスホテルミウラ岩槻
鈴木酒造
ディ・ヒマラヤキッチン アジア料理
めんくみ とろこくチャーシューめん
伊太利家 イタリア料理
願生寺《がんしょう》
愛宕神社
岩槻駅東口入口
高札場
八百屋安兵衛店前に、縮小復元されている
児童センター入口
この辺りが岩槻宿の南口
浄国寺
琴平神社
芳林寺《ほうりん》
岩槻駅
東武鉄道野田線
0 250 500m

【岩槻宿】

岩槻城の城下町として発展し、六斎市が立ち、元荒川の新曲輪河岸と綾瀬川の妙見河岸の舟運があり大いに賑わった。天保十四年(1843)の日光御成道宿村大概帳によると宿内家数は七百七十八軒、うち本陣一、脇本陣一、問屋二、旅籠十軒、宿内人数は三千三百七十八人(男千六百四十八人、女千七百三十人)で宿長は南北十七町十間(約1,873m)であった

岩槻藩主阿部家の菩提寺で墓所がある

【宿泊】
H1 ビジネスホテルミウラ岩槻 ☎048(792)0797
H2 あづま家旅館 ☎048(756)0159

太田道灌、五代目岩付城主太田氏資《うじすけ》の墓がある

岩槻宿本陣跡
現細田医院辺り。代々斎藤斧次郎が勤めた

岩槻の一里塚跡
標石がある。江戸日本橋より九里、本郷追分からは八里目

時の鐘
「岩槻に過ぎたるものが二つある、児玉南柯と時の鐘」と詠われた

浄安寺
岩槻藩の藩儒となった児玉南柯の墓がある

久伊豆神社社標
岩槻城の守護神で、岩槻の総鎮守

庚申塔道標
元禄八年（1695）建立「是より左 ぢおんじ道 是より右 かすかべみち」。傍らの覆屋には地蔵立像がある

辻村
村内に新曲輪河岸と元荒川河岸があった

馬頭観音
明治廿三年（1890）建立の馬頭観世音

【岩槻城】

太田道灌の築城に始まる。天正十八年（1590）徳川家康江戸入府に伴ない、高力《こうりき》清長が二万石で入城した。岩槻城は江戸北方の守りとして代々譜代大名が入城し、日光社参将軍の宿城となった

荒川の本流で、岩槻城の要害河川であった

あづま家旅館
渋江町標石
渋江
本郷方面からは左折する
幸手方面からは右折する
かわ井 蕎麦処
東武鉄道野田線高架
くぐる
田中町標石
社標左
無名信号
出口バス停
出口町標石
人間総合科学大学岩槻キャンパスバス停
押ボタン信号
ローソン
南辻バス停
慈恩寺橋
元荒川

大龍寺
阿弥陀三尊図像月待供養板碑がある

岩槻城の外郭にあたる大構《おおがまえ》上に鎮座している

岩槻人形の元祖橋本重兵衛の墓がある

田中口木戸門跡
岩槻宿の西口で、番所、高札場があった。日光社参行列の槍がつかえた「槍返しの門」は浄安寺に移設された

龍門寺
岩槻藩主大岡忠光の菩提寺で墓がある

埼玉県道65号線標識
さいたま幸手線 岩槻区南辻

【徳川九代将軍家重・大岡忠光】

大岡忠光は享保九年（1727）家重の小姓となった。家重は生来虚弱の上、障害により言語が不明瞭であったが忠光のみが唯一聞き分けられた

猿田彦大神《さるたひこのおおかみ》道標
昭和三年（1928）建立「北 幸手町ニ至ル 東 大戸ニ至ル 南 岩槻町ニ至ル 西 蓮田ニ至ル」

馬頭観音
昭和五年（1930）建立の馬頭観世音

諏訪神社
境内社に熊野神社、日枝神社がある

慈恩寺道道標
「是より右　慈恩寺道」。慈恩寺は徳川家康の位牌を安置し、岩槻藩より御供物料として二十八石四斗九升一合を拝領した

地蔵堂
元文五年（1740）造立の地蔵尊像を安置し、堂前には明治三十年（1897）建立の馬頭観世音がある

表慈恩寺村
慈恩寺村から分村し、化政期の村内家数は六十二軒であった

埼玉県道65号線標識
さいたま幸手線岩槻区裏慈恩寺

北
中華料理
名残り松
たまちゃん
時差式信号
押ボタン信号
裏慈恩寺バス停
上野バス停
押ボタン信号
セブンイレブン
とん勇 とんかつ
ポパイラーメン 中華料理
岩槻工業団地入口
宝来軒 中華料理
0
250
500m

石橋供養塔
天明元年（1781）架橋の赤坂石橋を供養したもの

埼玉県道65号線標識
さいたま幸手線岩槻区上野

上野村
化政期の村内家数は四十五軒で、年貢米の津出は日光道中沿いの権現堂河岸であった

埼玉県道65号線標識
さいたま幸手線岩槻区上野

宝生院
天和三年（1683）建立の三猿庚申塔等がある

鷲宮神社《わしみや》
上野村の鎮守。安政六年（1859）造立の狛犬や天満宮碑がある

三猿奉造立青面金剛供養塔道標「是より志おんじミち此方よしみミチ」

西塚は断面のみ現存し、東塚は縮小復元されている。江戸日本橋より十里、本郷追分からは九里目

日光御成道唯一の杉並木。現在、二十数本を残すのみ（ふるさとの並木道）

裏慈恩寺村
慈恩寺村から分村し、化政期の村内家数は六十四軒であった

第十六代仁徳天皇、第十七代履中《りちゅう》天皇、第十八代反正《はんぜい》天皇の三社を祭っている

祠内に明和八年（1771）造立の三猿青面金剛像がある

徽香楼 中華料理
志茂部 そば うどん
観音入口バス停
慈恩寺入口
庚申塔道標
デイリーヤマザキ
埼玉県道65号線標識 さいたま幸手線岩槻区鹿室
埼玉県道65号線標識 さいたま幸手線岩槻区古ケ場
相野原の一里塚
石塔
陽刻地蔵立像
相の原バス停
御成道杉並木
コメリ
日枝神社
相野原村
そば 天ぷら 仁屋
和泉三社
庚申塔
押ボタン信号
鹿室バス停
埼玉県道65号線標識 さいたま幸手線岩槻区鹿室
株式会社トーモク前バス停
セブンイレブン

【関根氏】

この地の郷士関根氏は岩槻城主太田氏に仕え、天正十八年（1590）豊臣秀吉の北条攻めに際しては岩槻城に馳せ参じた。鷲宮神社は関根家の鬼門の守護神で、宝生院は別当寺であった

文化九年（1812）建立の庚申塔道標「さって三りいわつき一り」等がある

化政期の村内家数は十軒であった

【慈恩寺】

慈恩寺入口交差点の東方約1.3kmの地にある。天長元年（824）慈覚大師によって開山された天台宗の古刹。徳川家康より寺領百石を拝領した。境内には天正十七年（1589）鋳造の南蛮鉄灯籠（さいたま市文化財）がある

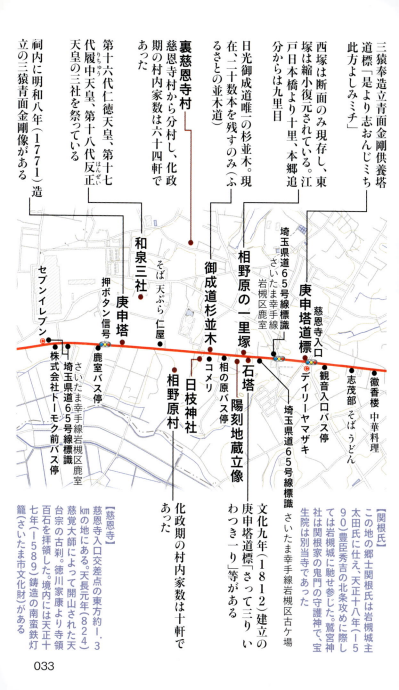

化政期の村内家数は六十軒で、年貢米の津出しは権現堂河岸であった

往時は岡泉から上野田間の約一里に杉を中心とした五百五十二本の並木があつた

白岡市内に現存する三体の円空仏の内の一つである菩薩形坐像を安置している（白岡市文化財）。薬師堂の厨子に安置されている木造薬師如来坐像は弘法大師作と伝わる

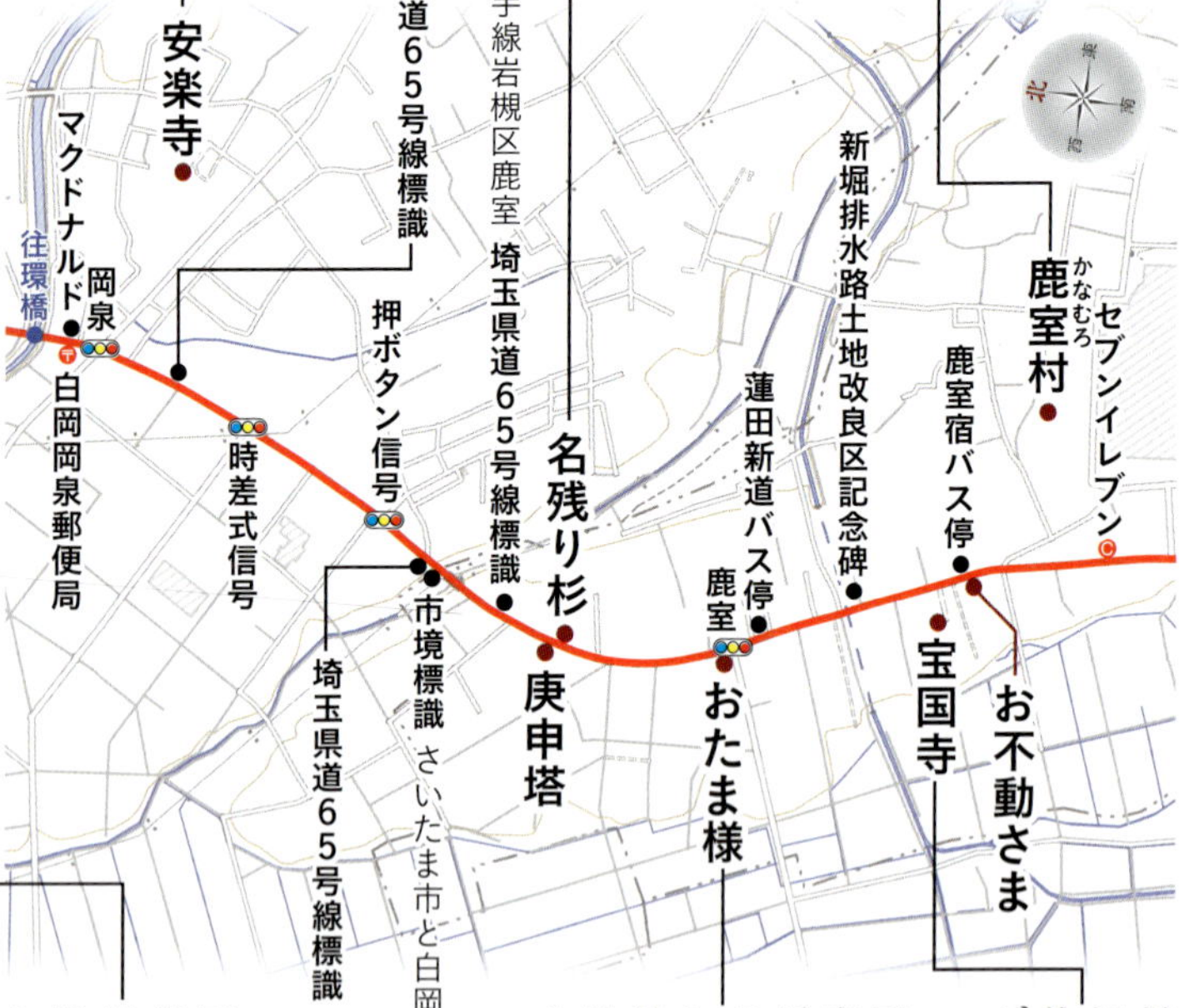
鹿室村《かなむろ》
セブンイレブン
鹿室宿バス停
お不動さま
宝国寺
新堀排水路土地改良区記念碑
蓮田新道バス停
鹿室
おたま様
名残り杉
庚申塔
さいたま幸手線岩槻区鹿室 埼玉県道65号線標識
岩槻7km 埼玉県道65号線標識
押ボタン信号
市境標識 さいたま市と白岡市の境
埼玉県道65号線標識 さいたま幸手線白岡市岡泉
時差式信号
安楽寺
岡泉
マクドナルド
往環橋
白岡岡泉郵便局
0
250
500m

将軍日光社参の際は門外の畑地に「仮御茶屋」を設け休息所とした。富士の眺望が絶景であった

明和八年（1771）造立の青面金剛像は「おたま様」と呼ばれている。子供が百日咳に罹るとお玉（柄杓）を借用し、これで味噌汁を飲ませ、治ると倍にして返した。これは「お玉は汁の実（身）をすくう（救う）」に由来する

岡泉の村役人は日光社参の将軍を村境で出迎え、その足で裏道を駆け抜け、義理橋を渡って先回りし、将軍を見送り義理を果たした

幸手9km 宮代5km 埼玉県道65号線標識

さいたま幸手線白岡市岡泉 埼玉県道65号線標識

化政期の村内家数は十四軒で、一橋家領であった

彦兵衛新田村

さいたま幸手線白岡市彦兵衛 埼玉県道65号線標識

彦兵衛新田を開発した彦兵衛の墓があるという。境内には三猿が陽刻された文化十四年(1817)建立の庚申塔、享和元年(1801)建立の庚申塔、寛永八年(1631)建立の普門品供養塔等がある

最勝寺

さいたま幸手線白岡市下野田 埼玉県道65号線標識

さいたま幸手線白岡市上野田 埼玉県道65号線標識

押ボタン信号
彦兵衛
セブンイレブン
義理橋
隼人堀川
久喜警察署下野田駐在所
下野田
名残り杉
野田橋

岡泉村

化政期の村内家数は六十軒であった

隼人なる者が開削した。栢《かや》間《ま》堀に源を発し、流末は古利根川に落合う

大徳寺

新田義貞は鎌倉攻めの際に戦勝祈願をした。大日如来坐像がある(白岡市文化財)

浅間神社

安永三年(1774)創建、彦兵衛新田村の鎮守。領主米津氏奉納の手洗石がある

下野田村

化政期の村内家数は六十五軒であった。延享四年(1747)岩槻藩領から一橋家領となり、同家の鷹場があった

正傳寺《しょうでん》

岩槻城主太田氏房の開基。関山堂に祀られている関山様は「婦人の病」に霊験あらたかで、小絵馬を奉納する婦人達で賑わった

東武動物公園入口
野田橋
下野田の一里塚
ヤマト宅急便センター
姫宮落川《ひめみやおとし》
笠原用水から分水し、流末は大落古利根川に落合う
上野田村
埼玉県道65号線標識
六地蔵
さいたま幸手線白岡市上野田 埼玉県道65号線標識
ファミリーマート
上野田
青面金剛像
さいたま幸手線白岡市上野田 埼玉県道65号線標識
上原橋
白岡市と南埼玉郡宮代町の境 市町境標識
さいたま幸手線宮代町西条原 埼玉県道65号線標識
西条原
地蔵尊
西久米原村
西条原鷲宮神社
0 250 500m

不動明王像
嘉永四年（1851）造立

下野田の一里塚
両塚が現存する（埼玉県史跡）。江戸日本橋より十一里、本郷追分からは十里目

西久米原村
化政期の村内家数は百五十軒で、一橋家の鷹場があった

西条原鷲宮神社
西久米原村の鎮守。天保十四年（1843）徳川十二代将軍家慶は宝国寺からここまで歩き、軽食を摂った。元文五年（1740）造立の青面金剛像庚申塔等がある

上野田村
化政期の村内家数は九十軒であった。延享四年（1747）岩槻藩領から一橋家領となり、同家の鷹場があった

六地蔵
サクラの古木前に享和三年（1803）造立の陽刻六地蔵立像がある

青面金剛像
覆屋内に貞享三年（1686）造立の青面金剛像道標「是よりふじ海道原市江二里」と安永九年（1780）建立の東日本廻国供養塔がある

地蔵尊
錫杖を持った交通安全陽刻地蔵坐像がある

さいたま幸手線宮代町西条原 埼玉県道65号線標識

化政期の村内家数は五十五軒であった

国納村

国納村の鎮守

雷電神社 僊元宮碑

東武鉄道伊勢崎線 和戸駅

国納村から分村し、化政期の村内家数は百軒であった

和戸《わど》村

大落古利根川《おおおとしふるとねがわ》

利根川は河川改修により河口は江戸湾から太平洋に変更され、元の流路は古利根川として残った

本郷方面からはY字路を左に進む

参姑神《さんこしん》庚申塔道標

宝暦七年（1757）建立「右 すぎと道 下高野村 左 さつてみち」。参姑神とは庚申の夜に体内から抜け出し、天帝に宿主の財悪を告げる三戸《さんし》の虫を青姑《せいこ》、白姑《はくこ》、血姑《けっこ》といった

和戸橋
和戸小橋
和戸橋
備前堀川
宮代和戸郵便局
中国料理 白木蓮
和戸
ファミリーマート
備前堀川
国納

押ボタン信号

ぶんどとんかつ すてーき

石仏石塔

国納橋

土橋であった

横断する

東武鉄道伊勢崎線踏切

和戸浅間神社

庚申塔

西方院

大落古利根川治水碑

昭和九年（1934）建碑。「大落」とは農業排水を落とす幹線排水路のこと

高野団地バス停

【北武蔵】この地は江戸開幕以来、徳川将軍家の御膝元であり、軍事上、そして江戸という大消費地を支える穀倉地帯として重要視され、幕府直轄領（天領）、御三卿（徳川家直系の田安、一橋、清水家）の領地や旗本知行地が多かった

青面金剛像庚申塔、血神、馬頭観世音が並んでいる

伊奈備前守が開削し、流末は大落古利根川に落合う

毎年六月三十日は子供の成長を願う「初山神事」で賑わう

天保十三年（1842）建立

長さ十一間（約19・8m）、幅三間（約5・4m）の御用橋で、将軍日光社参の際は幕府が修繕した

本尊の十一面観音像は二十五年に一度御開帳される秘仏。享保十七年（1732）建立の道標「左 いわつき道 右 くき、きさいわしのみや道」がある

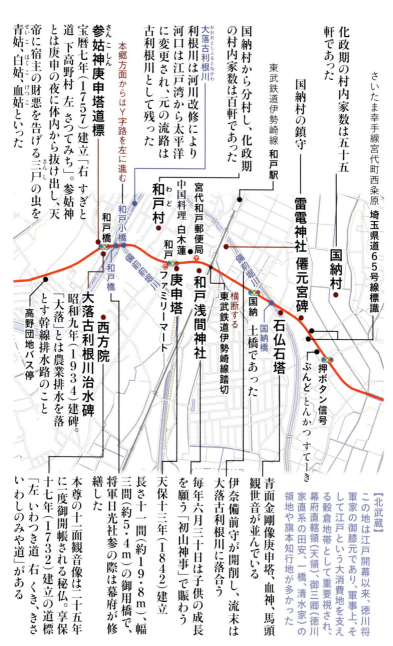

岩槻 ― 15.1km 四里 ―

幸手追分

日光道中杉戸宿の助郷を勤めた

東塚が現存する（埼玉県史跡）。塚木の大マツは落雷で枯れ、若マツが植えられた。江戸日本橋より十二里、本郷追分からは十一里目

さいたま幸手線杉戸町下野
埼玉県道65号線標識

中世に幸手を支配した一色氏が幸手城下の裏町天神神社を勧請した

さいたま幸手線杉戸町下野
埼玉県道65号線標識

下高野村
下高野の一里塚
押ボタン信号
押ボタン信号
押ボタン信号
八幡神社
八幡神社
天神社
セブンイレブン
えるも 本格中華そば
名残り松
埼玉県道65号線標識

さいたま幸手線杉戸町下高野

【宿泊】
H－旅館あさよろず（幸手駅前）
☎0480（42）0004

エリア＝埼玉県幸手市南2丁目
最寄り駅＝幸手駅 東武鉄道日光線

下高野村の鎮守。境内に地蔵尊立像、馬頭観世音、青面金剛像庚申塔、文化十二年（1815）建立の庚申塔、元禄七年（1694）造立の庚申塔道標「右 江戸かい道 左 いわつきかい道」がある

往時は松並木であった。今は二本を残すのみ

0　250　500m

元和八年（1622）この地に疫病が流行った時、名僧福正房が七日間の加持祈祷を行うと、満願の日に薬師如来が現れ、疫病は平癒した

化政期（1804〜29）の村内家数は二百十七軒で、日光道中幸手宿の助郷を勤めた

【日光道中】当初、日光道中は宇都宮宿から鉢石宿間の道筋であった。奥州道中は江戸日本橋から宇都宮宿を経由して白河に至る道筋であった。元和三年（1617）日光東照宮造営が竣工すると、江戸日本橋から鉢石間が日光道中となり、宇都宮から白河間は奥州道中と逆転した。日光東照宮参詣は庶民にも許され、日光道中は物見遊山の旅人で賑わった

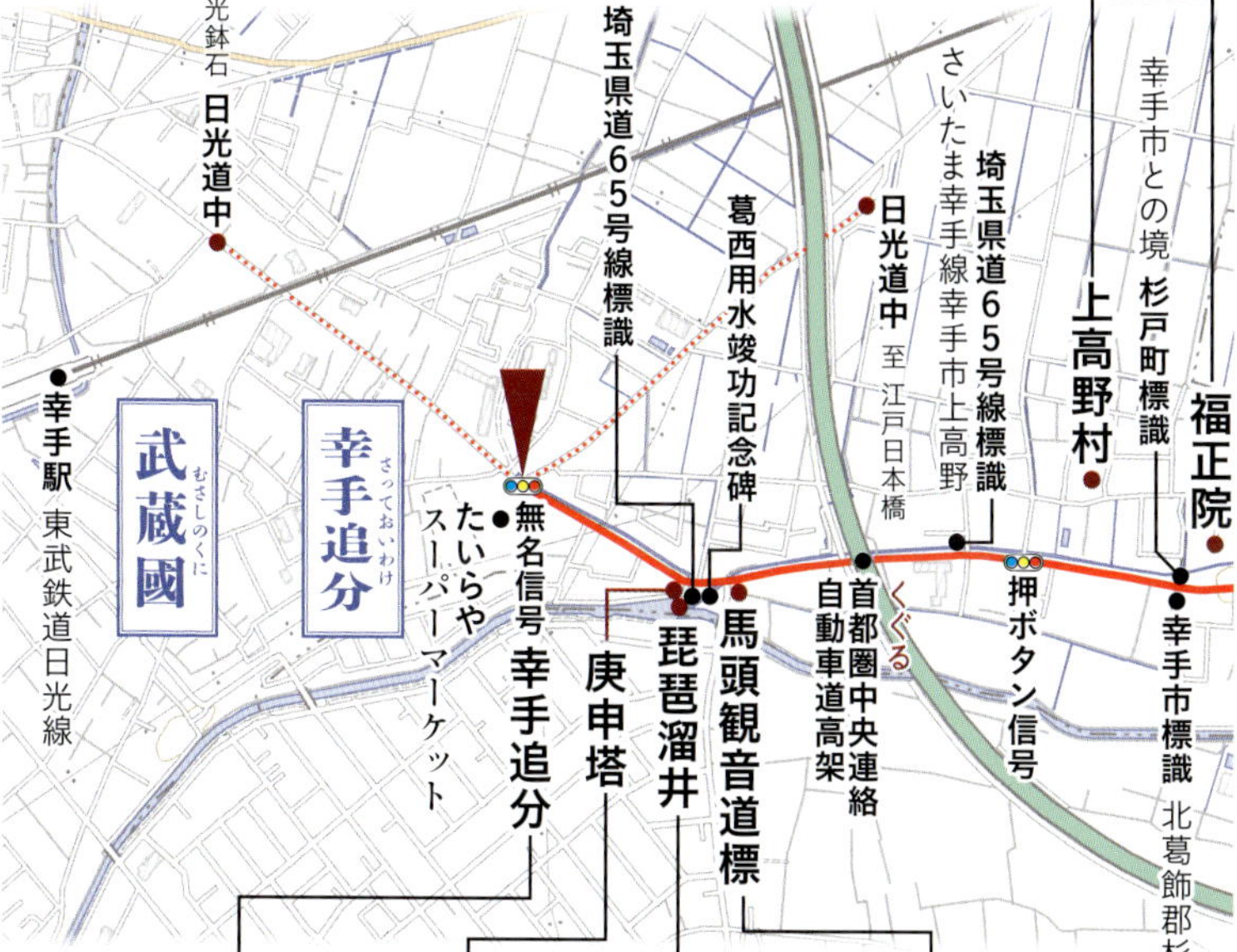

福正院
杉戸町標識
幸手市との境
幸手市標識
北葛飾郡杉戸町との境
上高野村
埼玉県道65号線標識
さいたま幸手線幸手市上高野
押ボタン信号
くぐる
首都圏中央連絡自動車道高架
日光道中
至 江戸日本橋
葛西用水竣功記念碑
馬頭観音道標
琵琶溜井
庚申塔
埼玉県道65号線標識
さいたま幸手線幸手市上高野
無名信号
幸手追分
たいらや
スーパーマーケット
幸手追分《さっておいわけ》
武蔵國《むさしのくに》
幸手駅
東武鉄道日光線
日光道中
至 日光鉢石

文化十四年（1817）建立「西 く記（久喜） 志ようぶ（菖蒲） かず（加須）道 右 日光 左 いわつき道」（幸手市史跡）

万治三年（1660）関東郡代伊奈忠克《ただかつ》が古利根川に築いた貯水施設。形状が弦楽器の「琵琶」に似ていた

正徳二年（1712）造立の青面金剛像

日光御成道の起点、日光道中との追分。往路の将軍は幸手宿に入ると聖福寺で休息し、以降は日光道中を踏襲し、古河城、宇都宮城を宿城とし、日光東照宮に詣でた

日光御成道

日光御成道は徳川歴代将軍が祖家康を祭った「日光東照宮」への社参の際に通行した街道である。家康の命日である四月十七日の祭礼には将軍自らが参詣するか、大名や高家を名代として代参させるのが慣例であった。

日光道中には古河まで城が無いため、岩槻街道の岩槻城を宿城とした。日光御成道は中山道の本郷追分から日光御成道に入り、岩槻を経由し、幸手追分で日光道中に合流する道筋で、道中奉行の管轄下に置かれ、「日光道中岩槻通り」とも呼ばれた。

将軍自らの日光社参は莫大な費用を要するため、社参回数は次第に少なくなった。

二代目秀忠は将軍の時に三回、大御所になって一回
三代目家光は世子の時に一回、将軍になって九回
四代目家綱は世子の時に一回、将軍になって一回
八十年間の空白を置いて
八代目吉宗が一回
十代目家治が一回
十二代目家慶が一回、これが最後であった。

【天保十四年（1843）徳川家慶日光社参の日程】

四月十三日　江戸城を出立、川口宿錫杖寺にて昼食、岩槻城に宿泊
十四日　幸手宿聖福寺にて昼食、古河城に宿泊
十五日　小金井宿慈眼寺にて昼食、宇都宮城に宿泊
十六日　大沢宿龍蔵寺にて昼食、日光東照宮本坊に宿泊
十七日　神事を執り行う
十八日　日光東照宮を出立し、往路と同じ経路をたどり、二十一日江戸城に帰城した

将軍の日光社参は幕府の威光を示すものであり、享保十三年（1728）徳川吉宗社参の規模は総勢十三万三千人、賦役の助郷人足二十二万八千三百六人、馬三十二万五千九百疋が動員され、周辺の宿場や村々には道普請や清掃、沿道の家屋や田畑の整備が命じられた。

村役人は村境で将軍一行を出迎え、裏道を駆け抜け村境で見送り、庶民は土下座を強いられた。庶民の中には、この堅苦しさを嫌い、表戸を締め、貸家の貼り紙をして出掛けてしまった者もいた。

徳川家慶最後の社参から二十四年後、江戸幕府は瓦解し、徳川家康公以来の二百六十四年間に終止符を打った。

さあ、日光例幣使道の歩き旅に出かけよう

倉賀野追分→楡木追分／楡木宿

倉賀野宿から楡木宿まで
例幣使道宿村大概帳　二十四里十九町
倉賀野追分から楡木追分まで
実測　91.0km

倉賀野追分

5.5km
一里十八町

玉村

エリア＝群馬県高崎市倉賀野町
最寄り駅＝倉賀野駅　JR高崎線

倉賀野追分に享和二年（1802）建立の追分道標「従是右江戸道 左 日光道」と文化十一年（1814）建立の追分常夜燈「日光道 中山道」がある。この常夜燈は五料宿の旅籠高砂屋文之助が、若い頃の放蕩の罪滅ぼしに建立したもの。台石には浄財を寄付した歌舞伎役者の松本幸四郎、市川團十郎や力士の雷電、柏戸等の名がある

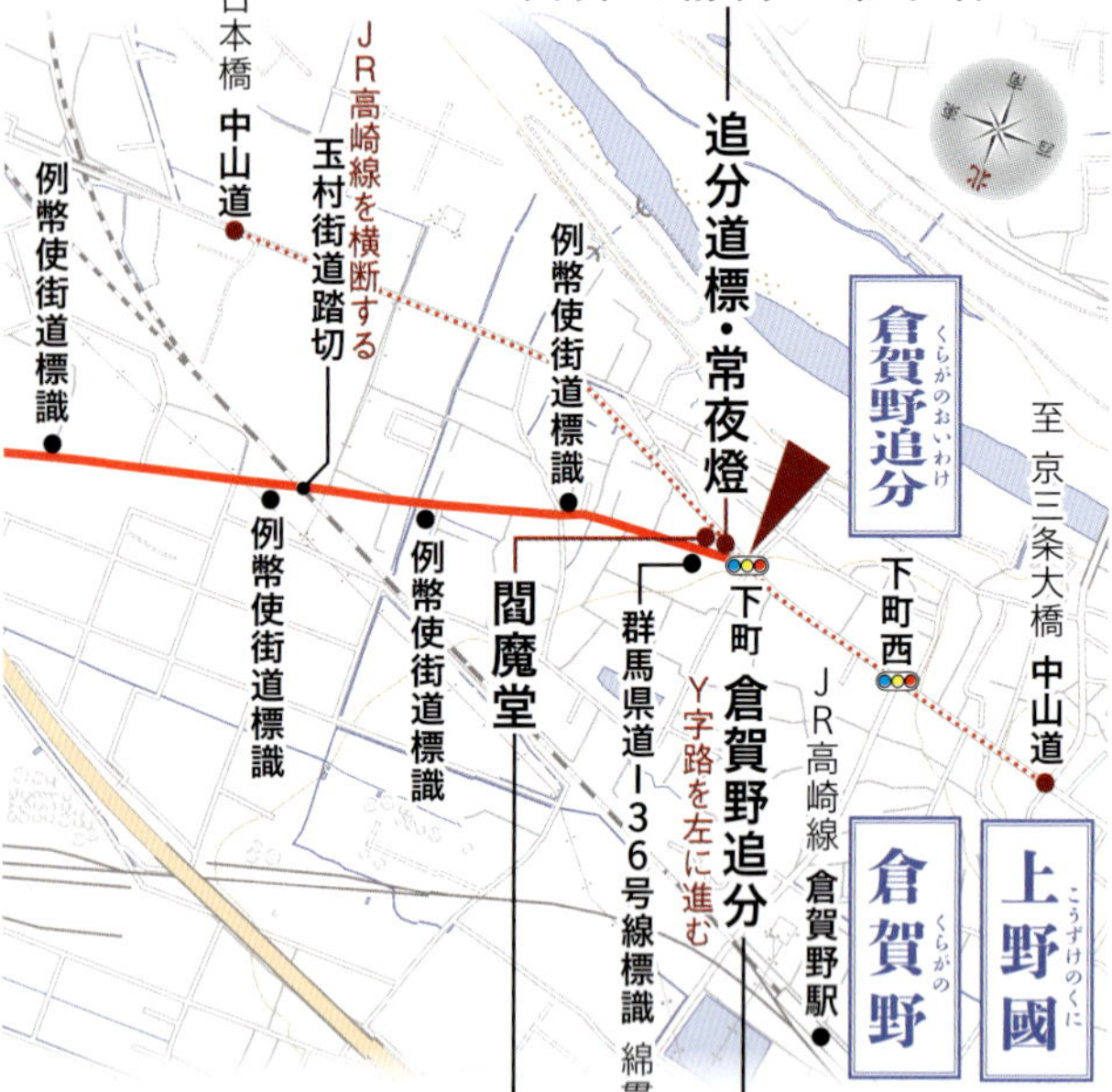

追分道標・常夜燈
倉賀野追分《くらがのおいわけ》
至 京三条大橋 中山道
下町西
下町
倉賀野追分
Y字路を左に進む
JR高崎線 倉賀野駅
倉賀野《くらがの》
上野國《こうずけのくに》
群馬県道136号線標識
閻魔堂
例幣使街道標識
例幣使街道標識
例幣使街道標識
例幣使街道標識
玉村街道踏切
JR高崎線を横断する
至 江戸日本橋 中山道
0
250
500m

日光例幣使道の起点、中山道との追分

綿貫倉賀野停車場線 高崎市倉賀野町

往時は阿弥陀堂であった。阿弥陀如来像は倉賀野町の九品寺に移されている

明治三十五年（1902）建立「北 まへはし三里 いわはな二丁 南 ふじおか二里 西 倉賀野十八丁 東 たまむら十八丁」と大正十年（1921）建立「玉村町十八町 伊勢崎三里 倉賀野町十八町 高崎市二里 前橋市三里 岩鼻二町 藤岡二里 新町一里」がある

岩鼻陸軍火薬製造所跡

現日本原子力研究開発機構。東京の板橋に陸軍火薬製造所があったが増産が急務となり、明治十五年（1882）烏川と井野川の舟運の便が良いこの地に移設された。これが為、戦時中一帯は米軍の空襲に見舞われた

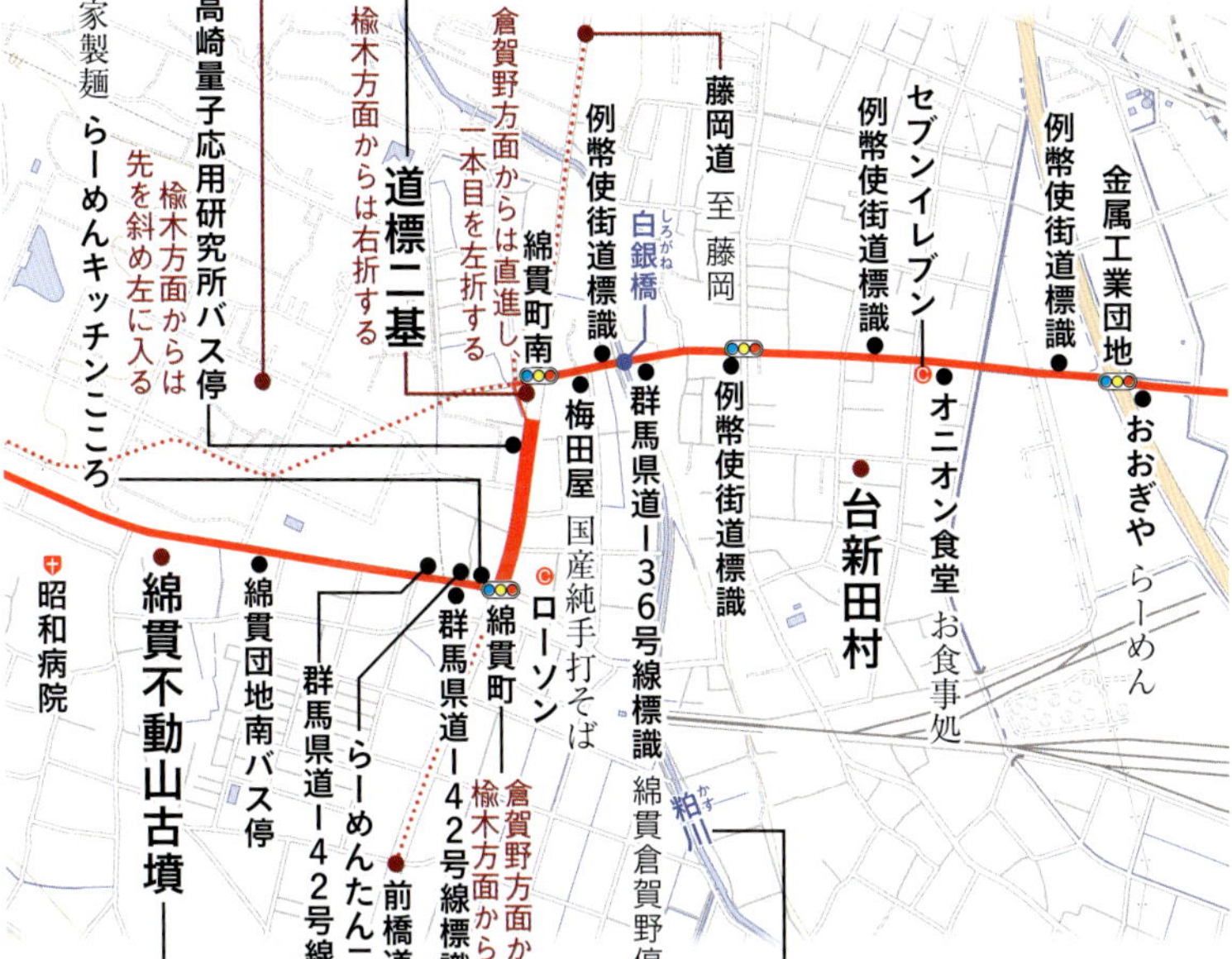

道標二基
楡木方面からは右折する
倉賀野方面からは直進し、一本目を左折する
藤岡道 至 藤岡
例幣使街道標識
白銀橋《しろがね》
綿貫町南
梅田屋 国産純手打そば
群馬県道136号線標識 綿貫倉賀野停車場線 高崎市綿貫
例幣使街道標識
セブンイレブン
例幣使街道標識
台新田村
オニオン食堂 お食事処
例幣使街道標識
金属工業団地
おおぎや らーめん
ローソン
綿貫町
粕川《かす》
倉賀野方面からは右折する 楡木方面からは左折する
群馬県道142号線標識 高崎市綿貫町
前橋道 至 前橋
らーめんたん二郎 ラーメン
群馬県道142号線標識 綿貫篠塚線 高崎市綿貫町
綿貫団地南バス停
昭和病院
高崎量子応用研究所バス停
楡木方面からは先を斜め左に入る
自家製麺 らーめんキッチンこころ

利根川

利根川水系井野川支流の一級河川

綿貫不動山古墳

全長94mの前方後円墳で、舟形石棺が現存する（高崎市史跡）。墳丘上には上州綿貫不動尊が祀られている

群馬県立近代美術館、同博物館がある

榛名山に源を発し、流末は烏川に落合う。常は徒歩渡し、出水時は舟渡し、冬は土橋が架橋された

源頼朝がこの地で病を患い当寺で療養し、「若宮八幡」を祈念すると平癒した。これにより山号は「八幡山」になり、院号は「頼朝院」となった

高崎市下斉田町

関東郡代伊奈忠次が開削した用水路で「代官堀」とも呼ばれた。群馬郡と那波郡の境、今は高崎市と佐波郡玉村町の境

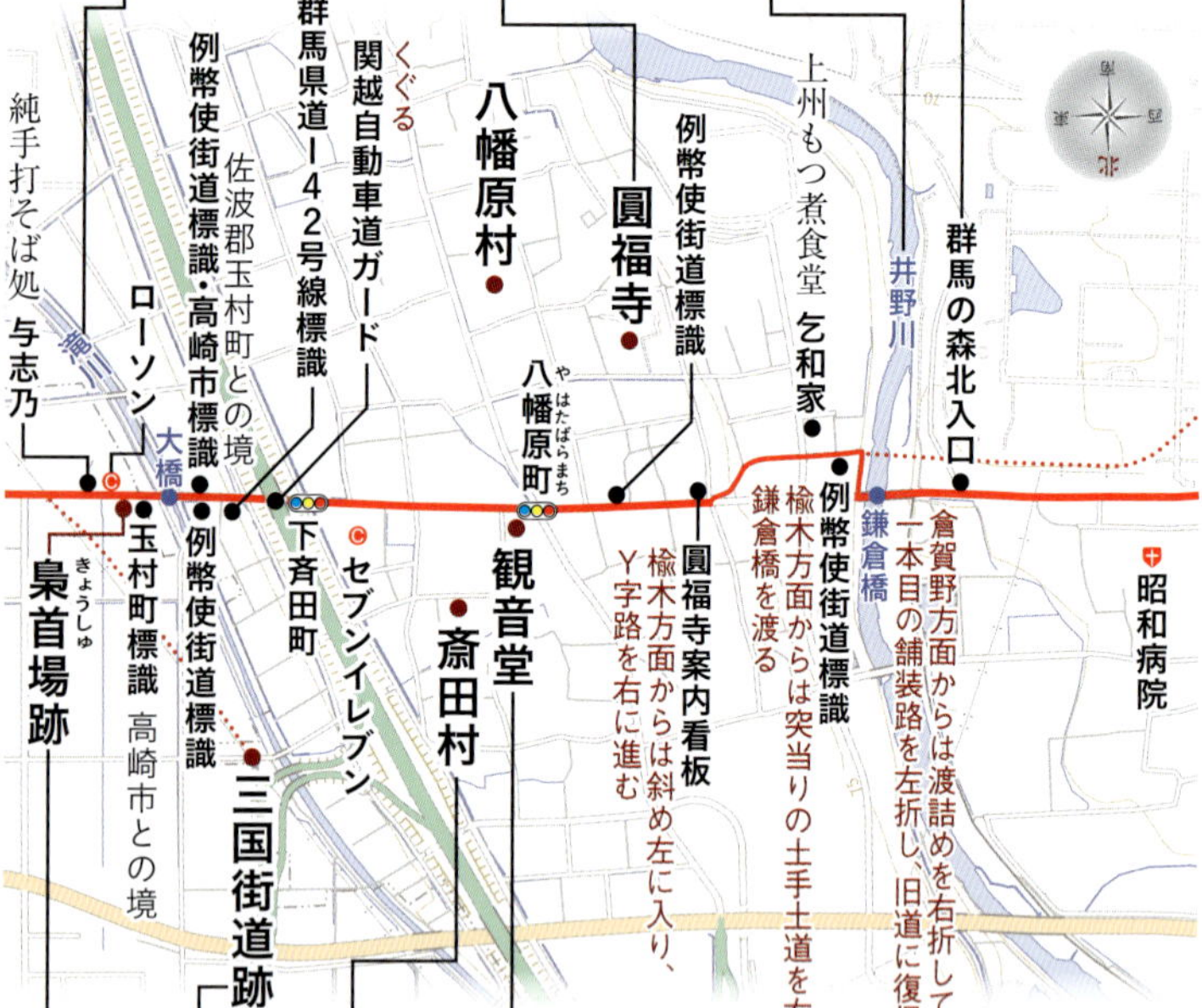
群馬の森北入口
井野川
上州もつ煮食堂 乞和家
例幣使街道標識
鎌倉橋
倉賀野方面からは渡詰めを右折して土手道を進み、一本目の舗装路を左折し、旧道に復帰する
昭和病院
楡木方面からは突当りの土手土道を右折し、鎌倉橋を渡る
例幣使街道標識
圓福寺案内看板
楡木方面からは斜め左に入り、Y字路を右に進む
圓福寺
八幡原町《やはたばらまち》
八幡原村
観音堂
斎田村
くぐる
関越自動車道ガード
群馬県道142号線標識
下斉田町
セブンイレブン
例幣使街道標識・高崎市標識
佐波郡玉村町との境
例幣使街道標識
三国街道跡
大橋
ローソン
玉村町標識 高崎市との境
純手打そば処 与志乃
梟首場跡《きょうしゅ》
0
250
500m

聖観世音菩薩立像を安置する。傍らの覆屋内には梅乃木十一面観世音菩薩像がある

村が鞘のように細長いところから「鞘田」とも呼ばれた

前橋を経由し、三国峠を越え、越後に通じていた。この辺りが玉村宿の西口

岩鼻陣屋で処刑された罪人の首級が晒された

倉賀野追分

5.5km 一里十八町

玉村

5.0km 一里十八町

五料

エリア＝群馬県佐波郡玉村町下新田
最寄り駅＝新町駅 JR高崎線

【玉村宿】

慶長十年（1605）関東郡代伊那忠次は新田村を開村し、正保三年（1646）玉村宿が設立された。天保十四年（1843）の例幣使道宿村大概帳によると宿内家数は二百七十軒、うち本陣一、問屋二、旅籠三十六軒（大九、中十二、小十五）、宿内人数は千三十二人で宿長は東西二十町十九間余（約2，216m）であった。宿並の大部分は慶応四年（1868）の大火で灰燼に帰してしまった

福嶋屋
創業明治四十五年（1912）上州銘菓「玉村太郎」の老舗

称念寺
家鴨《あひる》塚がある（玉村町文化財）。目明かしが江戸送りの国定忠治に「中風」に効くという、家鴨の生血を飲ませた

下の問屋跡
下新田村の問屋大黒屋。加賀美家が勤めた

町田酒造店
創業弘化二年（1845）銘酒「太平人」の蔵元

高札場跡
日光例幣使道の解説板がある

玉村《たまむら》
中華そば 麺倶楽部
玉村三丁目バス停
福嶋屋
玉村四丁目バス停
高崎まで10km
群馬県道142号線標識
称念寺
玉村五丁目バス停
下の問屋跡
町田酒造店
玉村町道路元標
高札場跡
玉村六丁目バス停
玉村宿本陣跡
伊奈代官陣屋跡
例幣使道玉村宿
ファミリーマート
玉村八幡宮
玉村八幡宮大鳥居
上の問屋跡
四丁目角バス停
稲荷神社
萬福寺
郷倉跡

郷倉跡
現津久井家宅。飢饉凶作に備え穀物を備蓄した

萬福寺
地名由来の「龍の玉」が伝わるが、見ると失明するという

稲荷神社
奉納獅子舞は元禄年間（1688〜1704）から伝わる

上の問屋跡
井田家が勤め、名主を兼ねた。慶応の大火を免れた玉村町最古の築（国有形文化財）。屋号「泉屋」で銘酒「不盡泉《ふじいずみ》」の蔵元でもあった

玉村八幡宮
伊那忠次が角渕の鶴岡八幡宮を遷座させ、宿の鎮守とした（本殿は国重要文化財）

伊奈代官陣屋跡
現玉村小学校。滝川を開削し、新田村を開村した

玉村宿本陣跡
木島本陣跡歌碑がある。木島家が勤め、建坪九十坪で、例幣使の宿所となった

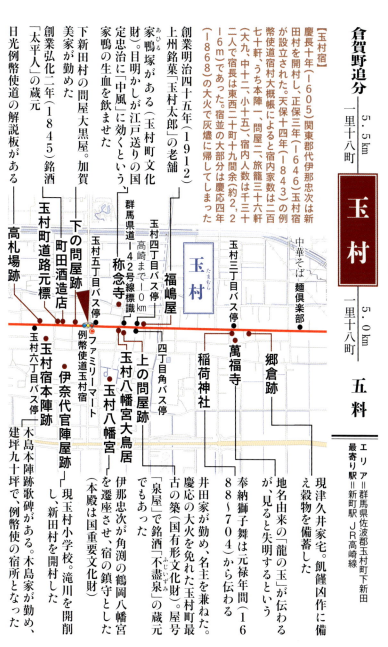

【木島本陣跡歌碑】

例幣使綾小路有長歌碑「玉むらのやどりにひらく玉くしげふたたびきそのかへさやすらに」。天保十四年（1843）有長は帰路も中山道を通行した。これは二百二十一年間の慣行の中で二例しかない。有長は後に明治天皇の侍従となった

【玉村宿事情】
玉村宿は飯盛が盛んで、田植唄にも唄われている

高札場跡
玉村六丁目バス停
玉村宿本陣跡
つけめん 咲はる
玉村町役場南バス停
下新田
女子大入口バス停
ジョイフル レストラン
玉村郵便局
群馬県道142号線標識 伊勢崎まで11km
至 中山道新町宿 新町道
時差式信号機
セブンイレブン
石造物群
市街地まで1km
群馬県道142号線標識
中華 和食 三和食堂
牛丼 吉野屋
マクドナルド
上飯島
下木戸跡
押ボタン信号
0
250
500m

木島本陣跡歌碑がある。木島家が勤め、建坪九十坪で、例幣使の宿所となった

毘沙門堂の六角型石燈籠（玉村町文化財）、寛政六年（1794）建立の庚申塔等がある

交差点辺りが下木戸跡。玉村宿の東口

【国定忠治】

文化七年(1810)境宿北の国定村で生まれ、十五歳で一家を構えた。境宿の縄張りを狙う島村伊三郎が忠治の子分三ツ木文蔵を殴ったことに腹を立て、忠治は伊三郎を滅多斬りにしたうえ、簀巻きにして利根川に放り込んだ。これが為「国定忠治は鬼より怖い、にっこり笑って人を斬る」といわれた。この事件により忠次は「大戸の関所」を破って逃亡した。その後、上州に戻ったが中風を患い、嘉永三年(1850)捕縛され、大戸処刑場で磔となった。享年四十一歳であった

ファミリーマート
セブンイレブン
アポロステーション
押ボタン信号
麺屋錬 自家製麺ラーメン
滝川
萩原モータース
群馬県道142号線標識 伊勢崎まで9km
文安銘五輪塔
夫婦墓石で夫は文安五年(1448)、妻は翌年に死去した(玉村町重要文化財)

厄年に災厄が起こらぬように仏に祈願する

―川井厄除薬師

倉賀野方面からは斜め左に入る
楡木方面からは右折する

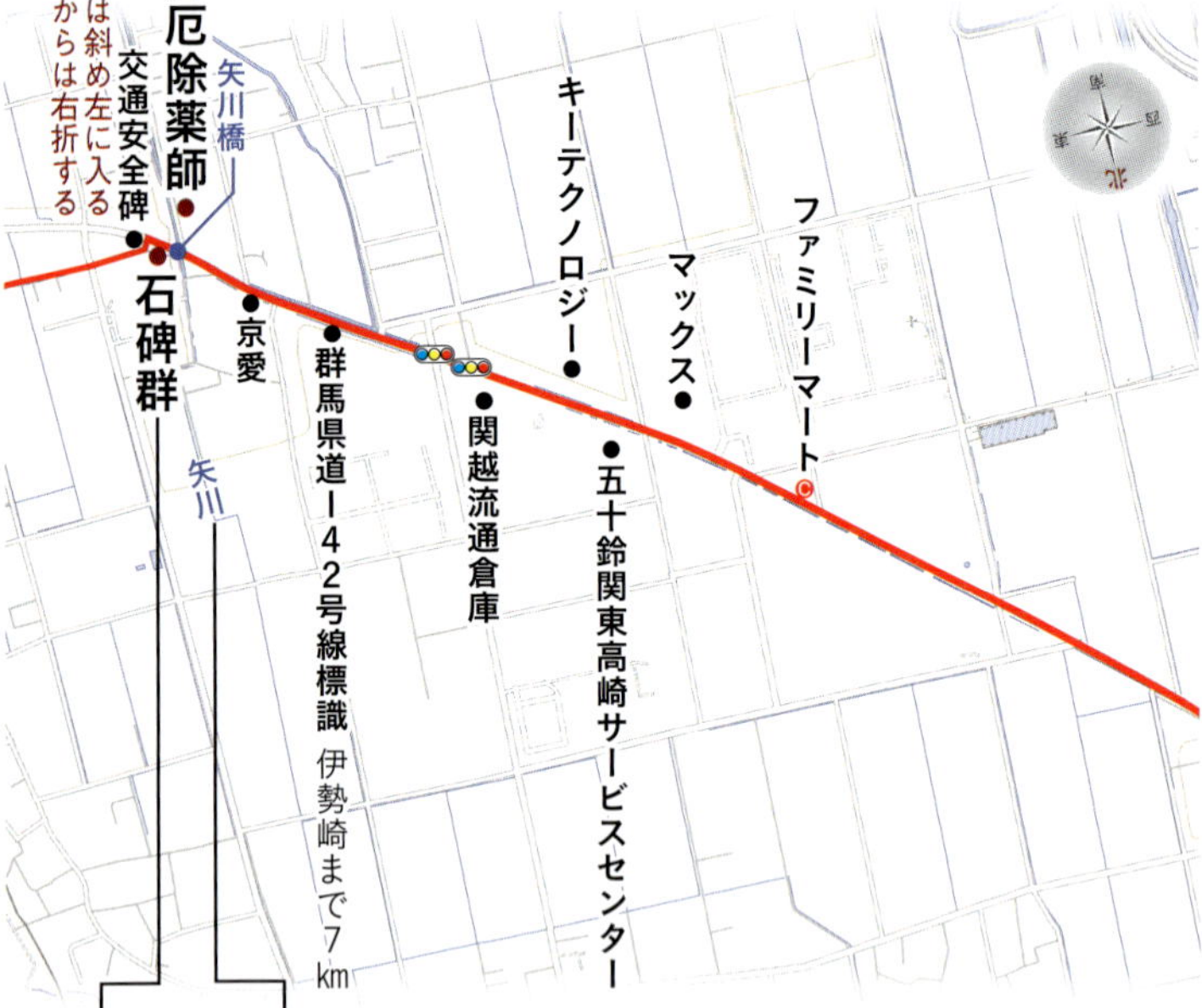
交通安全碑
矢川橋
石碑群
京愛
群馬県道142号線標識
伊勢崎まで7km
関越流通倉庫
キーテクノロジー
五十鈴関東高崎サービスセンター
マックス
ファミリーマート
矢川
北
南
東
西

利根川から取水し、流末は烏川に落合う

日露戦役記念碑、日清戦役紀念碑、明治天皇が陸軍の演習を上覧指揮した聖蹟記念碑がある

0 250 500m

玉村

5.0km 一里十八町

五料

1.5km 一里

柴

エリア＝群馬県佐波郡玉村町五料
最寄り駅＝新町駅 JR高崎線

常楽寺
大正二年(1913)建立の道標「利根川渡船 玉村町小泉道 烏川渡船 神保原本庄町道 至常楽寺」等がある

舟問屋屋敷跡
石垣囲いの敷地は舟問屋「高清」高橋清兵衛の屋敷跡。前橋藩の廻米搬送を担った

道標
大正元年(1912)建立「烏川渡船 神保原本庄町道 神保原参拾町 本庄武里」

五料関所跡
関所門の礎石と井戸を残している(玉村町史跡)。慶長六年(1601)厩橋藩(前橋藩)が設置し、元和二年(1616)幕府公認となった

利根川の渡し
川舟三艘による舟渡し。舟賃は平水時一人五文、出水時二十文であった

利根川
大水上山に源を発し、流末は太平洋に注ぐ。「坂東太郎」と呼ばれる暴れ川であった。佐波郡と伊勢崎市の境

【五料宿】
地名はこの地に朝廷の「御料」があったとか、僧が渡舟の転覆で「御霊」となった等に由来する。宿内に関所が設置され旅人と利根川の舟運を取り締まった。天保十四年(1843)の例幣使道宿村大概帳によると宿内家数は百六十一軒、うち旅籠二(小二)、問屋は六軒あり五日交代で勤め、宿内人数は五百四十一人で、宿並は東西一町五十四間(約207m)であった

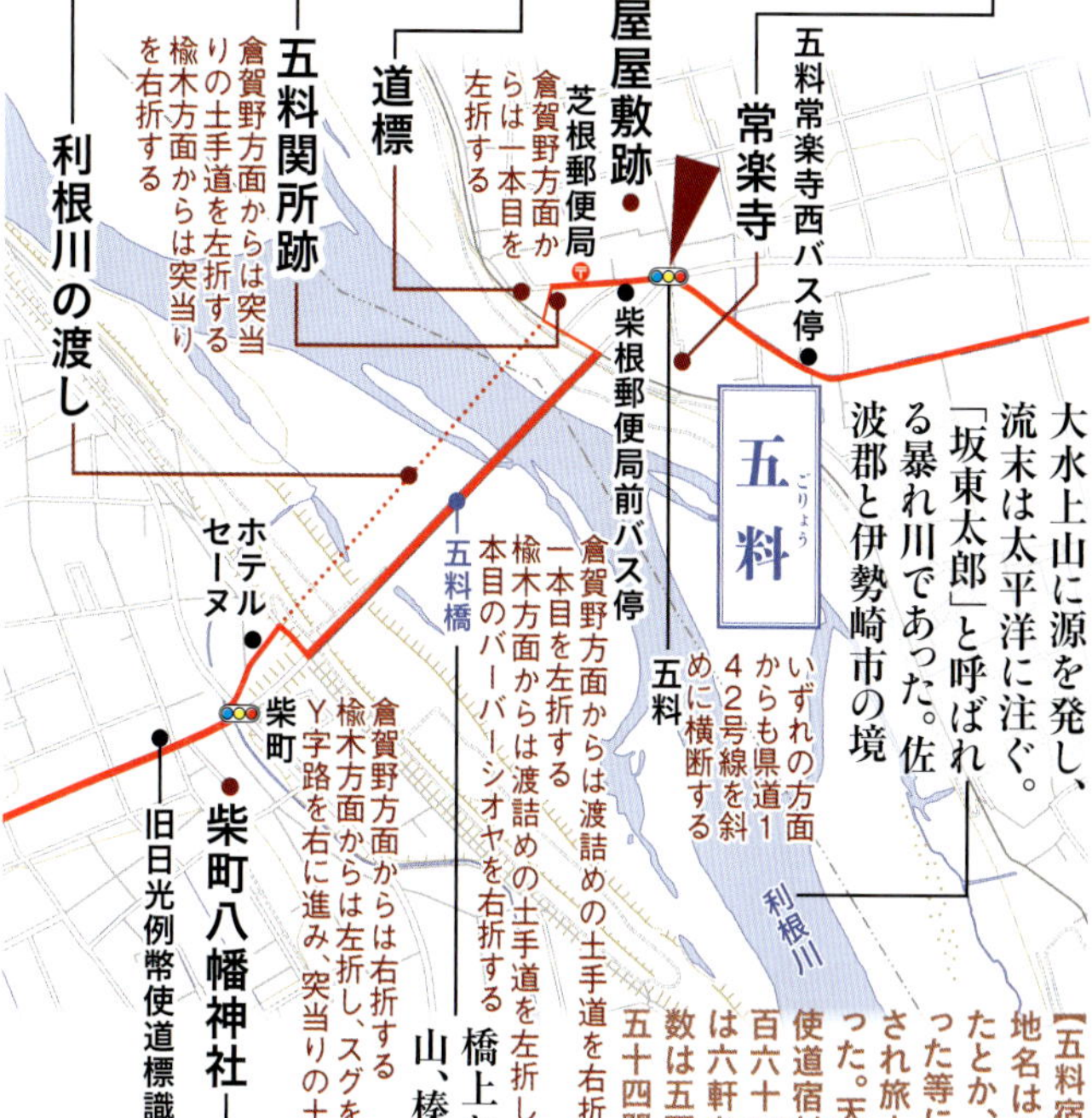

常楽寺
五料常楽寺西バス停
舟問屋屋敷跡
芝根郵便局
倉賀野方面からは一本目を左折する
道標
五料関所跡
倉賀野方面からは突当りの土手道を左折する
楡木方面からは突当りを右折する
利根川の渡し
柴根郵便局前バス停
五料《ごりょう》
いずれの方面からも県道142号線を斜めに横断する
五料
倉賀野方面からは渡詰めの土手道を右折し、一本目を左折する
楡木方面からは渡詰めの土手道を左折し、二本目のバーバーシオヤを右折する
五料橋
ホテルセーヌ
柴町
利根川
旧日光例幣使道標識
柴町八幡神社
倉賀野方面からは右折する
楡木方面からは左折し、スグを右に入り、Y字路を右に進み、突当りの土手道を右折する

五料橋
橋上からは「上毛三山」の妙義山、榛名山、赤城山が望める

柴町八幡神社
慶長十八年(1613)二代那波藩主酒井忠世の創建

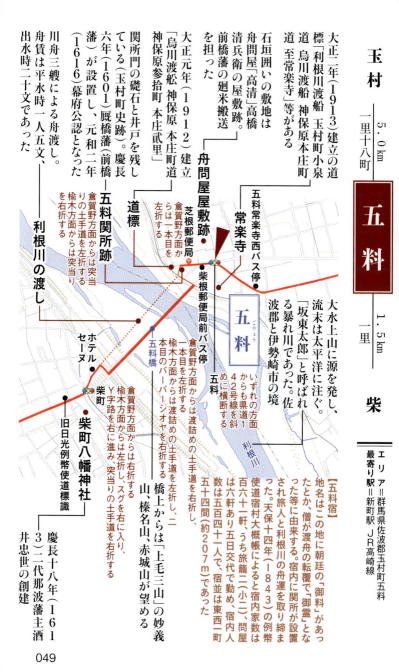

五料

1.5km 一里

柴

8.8km 二里十六町

境

エリア＝群馬県伊勢崎市柴町
最寄り駅＝新町駅 JR高崎線

【柴宿】柴宿は浅間山大噴火の泥流により壊滅的な被害を受け、享保十四年（1729）宿並を北の現在地に移転した。その際、中町、堀口村を加宿とし、問屋業務は十日交替で勤めた。天保十四年（1843）の例幣使道宿村大概帳によると宿内家数は二百十九軒、うち本陣一、問屋三、旅籠十七軒（中七、小十）、宿内人数は八百五人で宿長は東西四町半余（約491m）であった

弘法大師「雨乞い祈祷」の地に創建され、加宿中町の総鎮守。浅間山大噴火の「溶岩塚」がある

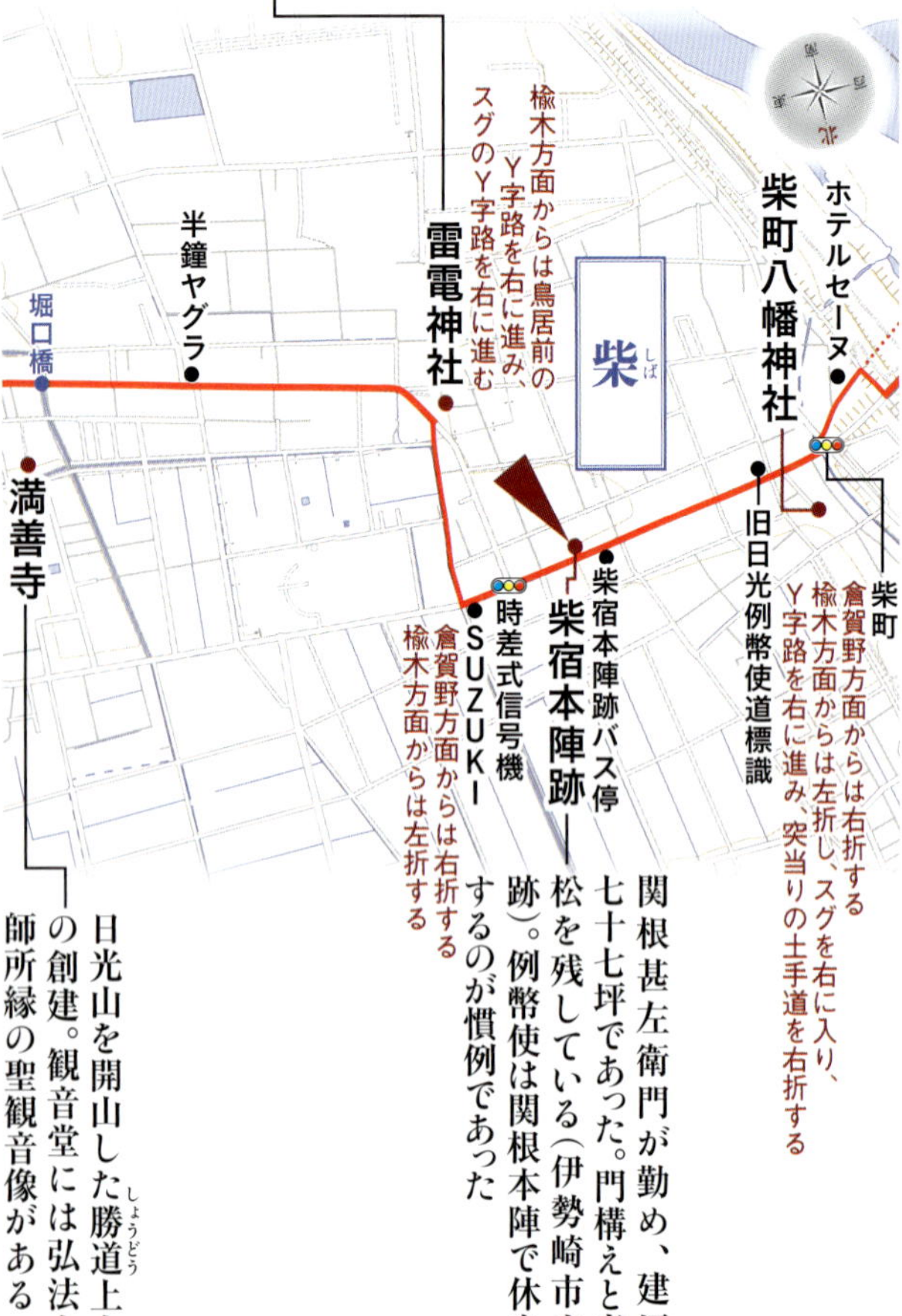
北
ホテルセーヌ
柴町八幡神社
楡木方面からは鳥居前のY字路を右に進み、スグのY字路を右に進む
柴《しば》
雷電神社
半鐘ヤグラ
堀口橋
満善寺
柴町
倉賀野方面からは右折する
楡木方面からは左折し、スグを右に入り、Y字路を右に進み、突当りの土手道を右折する
旧日光例幣使道標識
柴宿本陣跡バス停
柴宿本陣跡
時差式信号機
SUZUKI
倉賀野方面からは右折する
楡木方面からは左折する

関根甚左衛門が勤め、建坪七十七坪であった。門構えと老松を残している（伊勢崎市史跡）。例幣使は関根本陣で休息するのが慣例であった

日光山を開山した勝道《しょうどう》上人の創建。観音堂には弘法大師所縁の聖観音像がある

0 250 500m

名和小学校の校庭脇に碑がある。那波氏の居城であったが、永禄三年（1560）上杉謙信の攻めにより落城、那波氏は滅亡した

那波《なわ》城址

夜泣き地蔵尊

天明三年（1783）浅間山の大噴火により、利根川の岸に漂着した七百名余りの遺体を村人が埋葬した。すると夜毎墓からすすり泣く声が聞こえるので、地蔵尊を祀ると泣き止んだ。以来、赤子の「夜泣き」に御利益があるという

【那波藩】家康の世になると松平家乗が一万石で入城し、那波藩を立藩した。寛文二年（1662）三代藩主酒井忠能《ただよし》は信濃小諸藩に移封となり廃藩廃城となった

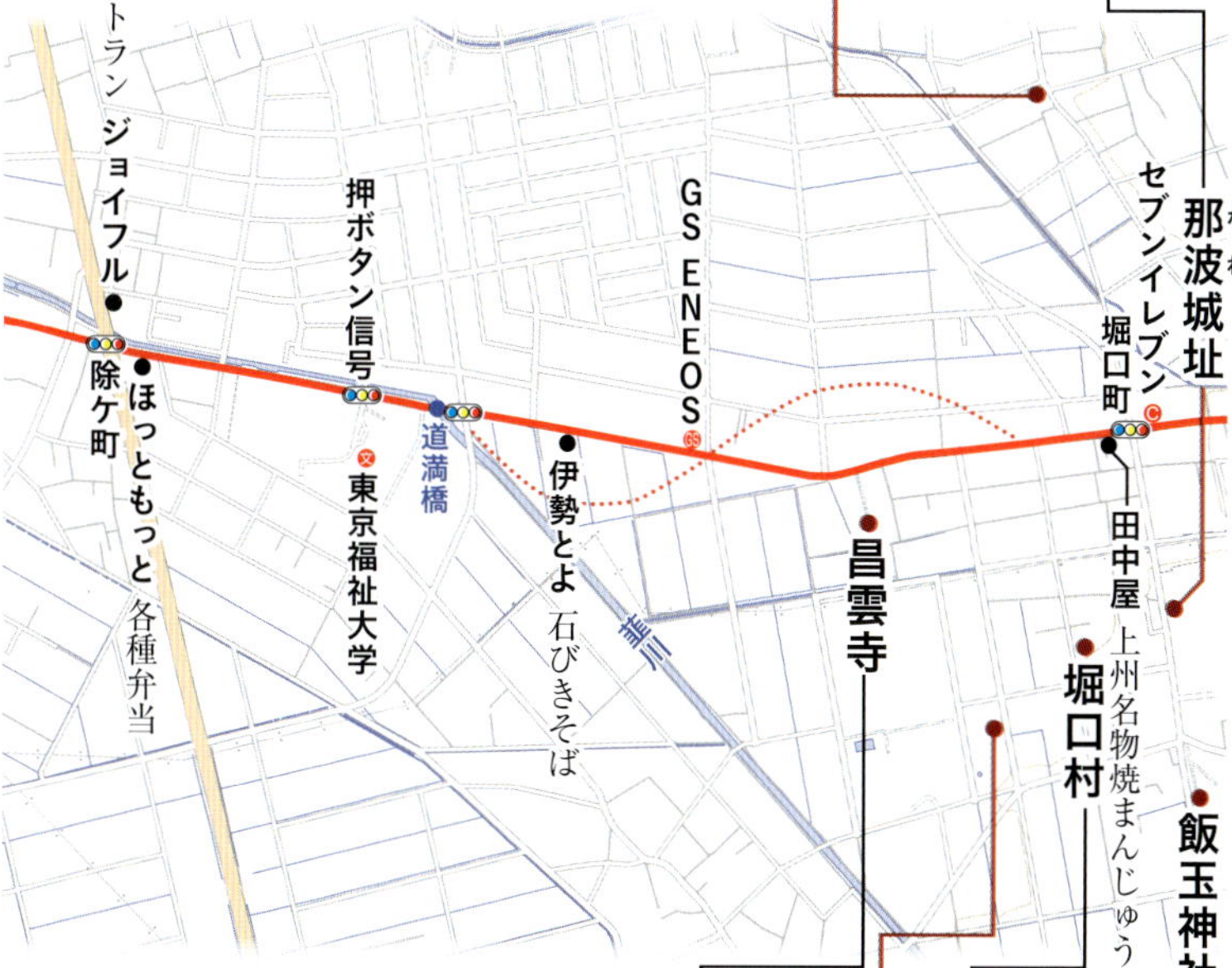

レストラン ジョイフル
除ケ町
ほっともっと 各種弁当
押ボタン信号
東京福祉大学
道満橋
伊勢とよ 石びきそば
GS ENEOS
韮川
セブンイレブン
堀口町
田中屋 上州名物焼まんじゅう

飯玉神社

領主那波氏の創建で、那波郡の総鎮守。総社として九十九社の飯玉、飯福神社を分祀した

堀口村

柴宿の加宿であった

那波城址本丸跡

碑がある

昌雲寺

庚申塔道標「従是一丁上り 北 伊勢崎道 従是南 本庄道」がある

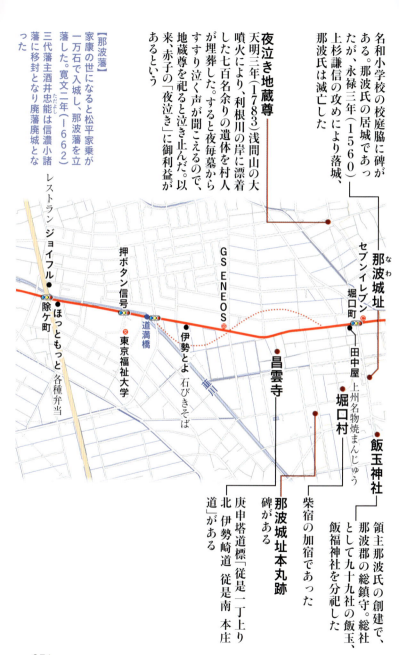

富塚村、余《よ》ケ《げ》村、大正寺村、下道寺村の神社を合祀した際に、各村の頭文字をとって「豊武《とよたけ》」と改称した。安永八年（1779）建立の二十二夜供養塔道標「右 ちぶ 左 日光」がある

万延元年（1860）建立の猿田彦大神道標「右 玉村 左 やった（八斗島）」、大正四年（1915）建立「東 馬見塚 下蓮沼 境町ヲ経テ太田約五里 北 堀口本町 西 下道寺 八斗島 船橋ヲ経テ本庄町約一里」

伊勢崎織物大絣発祥の地碑

大絣《おおがすり》は伊勢崎銘仙《めいせん》と呼ばれ評判であった

栄朝禅師が鞭代わりにした松の小枝が根付いたという。文政八年（1825）建立の芭蕉句碑「涼しさやすぐに野松の枝の形《なり》」がある

境まで5km
群馬県道142号線標識
レストラン ジョイフル
酒まんじゅう 豊武本舗
豊武神社
除ケ町
ほっともっと 各種弁当
大正寺町
ローソン
石造物群
宏洞《こうどう》松本翁頌徳碑
七菜味 お食事処
楡木方面からはY字路を右に進む
道標二基
豊受歯科クリニック
遺跡三ツ橋
牛打松の跡
群馬銀行豊受支店
馬見塚町
飯玉神社

大正寺公民館敷地内に道標「東 日光道 西 五料道 南 本庄道」等がある

文政十年（1827）大正寺村の生まれ。江戸で書画、漢詩を学び、郷里の文教に尽力した

建仁二年（1202）栄朝禅師が三ツ橋の下で麻疹《はしか》に苦しむ子を、経文を唱えて救った。以来、橋下《はしか》をくぐると麻疹が治るとの俗信が生まれた。祠内には庚申塔がある

馬見塚の鎮守。領主那波氏が分霊した飯玉飯福神社九十九社の一社

0 250 500m

【栄朝禅師】永万元年（1165）上野那波郡に生まれ、京都建仁寺の栄西に学んで臨済宗を修め、新田義季に招かれて世良田に長楽寺を開山した名僧

豊受公民館敷地内に二宮金次郎像がある

甲子塔、庚申塔、笠付青面金剛像庚申塔等が四基並んでいる

日光例幣使道を楡木方面に進むと赤城山は常に左に見える。ここは街道が西に屈曲している為、唯一右に赤城山を望む名所となった

火の見ヤグラ
馬見塚中町バス停
延命寺
豊受小学校跡碑
石塔群
セブンイレブン
伊勢崎豊受郵便局
子供のもり公園バス停
子供のもり公園伊勢崎
石塔群
倉賀野方面からは右折し、Y字路を左に進む
楡木方面からは左折する
旧日光例幣使道右赤城案内標識
倉賀野方面からはスグ先を左折する
右赤城解説
忠治茶屋本舗
本庄道
下蓮町《しもはすちょう》バス停
下蓮町
円柱道標
倉賀野方面からは左折する
楡木方面からは右折し、突当りを右折する

例幣使の休息所であった。百八の「乳」が無い「疣《いぼ》なしの鐘」と呼ばれる梵鐘があり、美しい音色が評判であったが戦時中、供出された

庚申塔、道祖神、如意輪観音像等が四基並んでいる

上州名物焼まんじゅう

「右 五りょう 東 日光道 左 ほん志やう（本庄）」

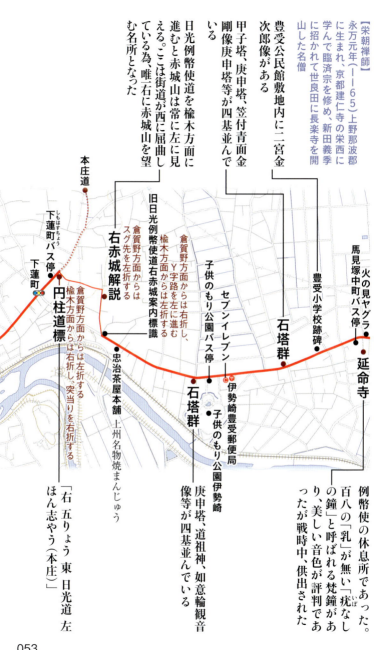

鎌倉時代、新田氏に属した小此木彦次郎盛光がこの地を領し、天満宮を祀ったのが始まり

解説板がある。渡船役は下武士村の名主が勤め、舟賃は三文であった。渡しは舟一艘で行い、例幣使通行の際は隣村から二艘の舟を借り受け、人足二百人が荷駄の積み降ろしを行った

岩崎商店の向いに解説板がある。輿に揺られ居眠りをしていた例幣使が、迎えの境宿町役人に起こされると「乳母の懐に抱かれていたようじゃのう」といった

境宿の本陣を勤めた織間家は昭和五十年代、下武士に引越し、庭にあった中門を移築した

菅原神社
セイコーレジン
群馬県道142号線標識
太田17km 境2km
分岐点
倉賀野方面からは左に進む
広瀬川
竹石《たけし》の渡し
武士橋
武士橋西詰
倉賀野方面からは左折する
楡木方面からは右折する
半感応押しボタン式信号機
倉賀野方面からは左折する
楡木方面からは右折する
分岐点
倉賀野方面からは一本目を右折する
楡木方面からは突当りを左折する
法光寺
乳母の懐
織間本陣中門
八海山

渋川で利根川から分流し、流末は再び利根川に落合う。灌漑用水路として整備され、舟運があった

大同四年（８０９）僧法光が薬師如来を安置し、法光庵を結んだのが始まり

一本松稲荷社が鎮座し、築山には御嶽山が祀られている。下武士村の高札場があった

0 250 500m

【境宿】

地名は那波郡と新田郡の境に由来する。「間の宿」であったが、文久三年（1863）宿駅となった。従って天保十四年（1843）の例幣使道宿村大概帳には記載がない。二と七の付く日に糸市の六斎市が開かれ、「さかいさげ」と賞された生糸の取引が盛大に行われ「外貨は地にあふれて限りない水のようだ」といわれた

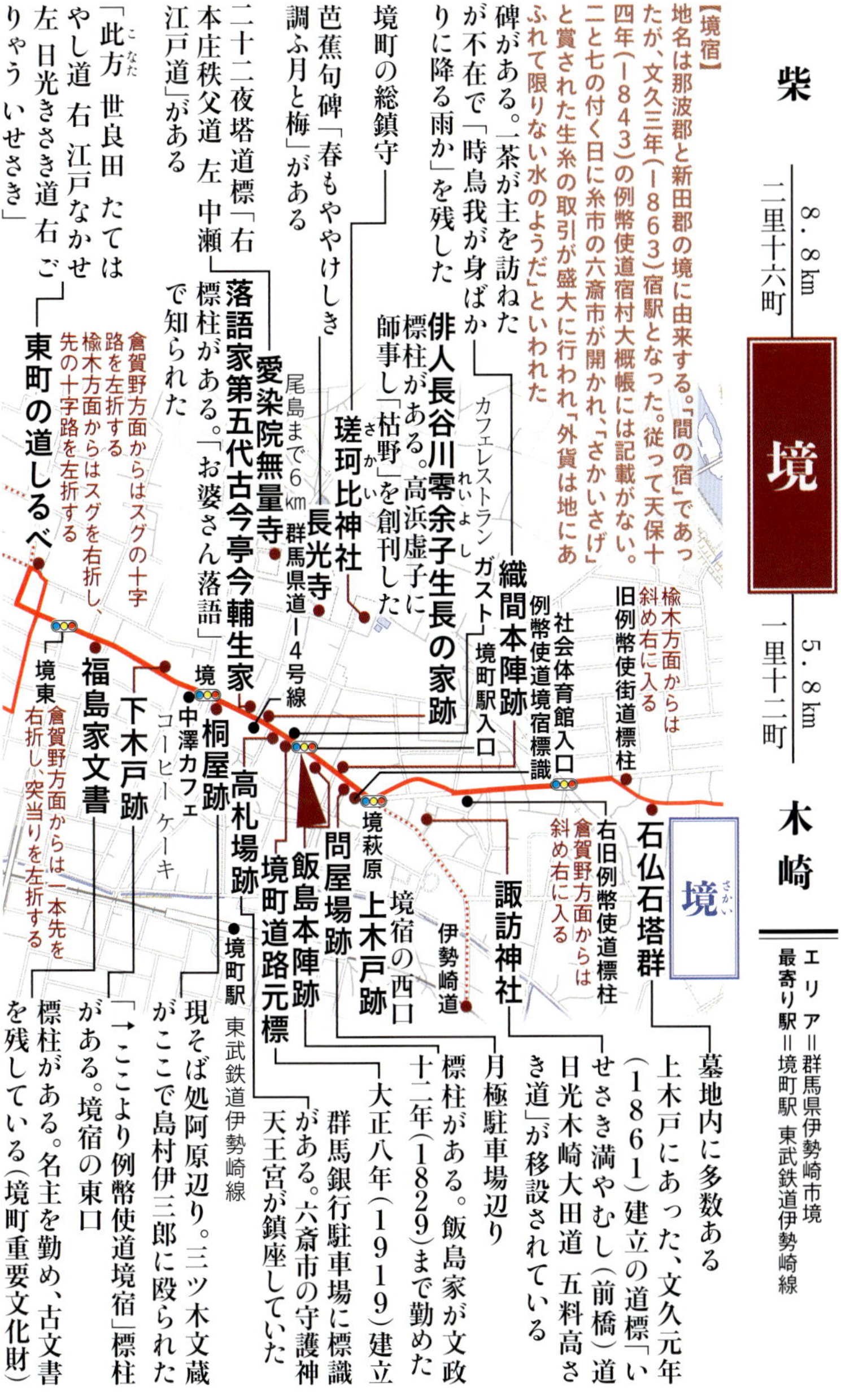
境《さかい》
エリア＝群馬県伊勢崎市境
最寄り駅＝境町駅 東武鉄道伊勢崎線
石仏石塔群
墓地内に多数ある
旧例幣使街道標柱
楡木方面からは斜め右に入る
社会体育館入口
例幣使道境宿標識
右旧例幣使道標柱
倉賀野方面からは斜め右に入る
上木戸にあった、文久元年（1861）建立の道標「いせさき満やむし（前橋）道 日光木崎大田道 五料高さき道」が移設されている
織間本陣跡
諏訪神社
月極駐車場辺り
伊勢崎道
境宿の西口
上木戸跡
境萩原
問屋場跡
標柱がある。飯島家が文政十二年（1829）まで勤めた
飯島本陣跡
大正八年（1919）建立
境町道路元標
群馬銀行駐車場に標識がある。六斎市の守護神天王宮が鎮座していた
境町駅入口
ガスト
カフェレストラン
碑がある。一茶が主を訪ねたが不在で「時鳥我が身ばかりに降る雨か」を残した
俳人長谷川零余子《れいよし》生長の家跡
標柱がある。高浜虚子に師事し「枯野」を創刊した
境町の総鎮守
瑳珂比《さかい》神社
芭蕉句碑「春もややけしき調ふ月と梅」がある
長光寺
尾島まで6km 群馬県道14号線
愛染院無量寺
二十二夜塔道標「右本庄秩父道 左 中瀬江戸道」がある
落語家第五代古今亭今輔生家
標柱がある。「お婆さん落語」で知られた
高札場跡
●境町駅 東武鉄道伊勢崎線
桐屋跡
現そば処阿原辺り。三ツ木文蔵がここで島村伊三郎に殴られた
●中澤カフェ コーヒー ケーキ
境
下木戸跡
「→ここより例幣使道境宿」標柱がある。境宿の東口
福島家文書
標柱がある。名主を勤め、古文書を残している（境町重要文化財）
境東
倉賀野方面からは一本先を右折し、突当りを左折する
倉賀野方面からはスグの十字路を左折する
楡木方面からはスグを右折し、先の十字路を左折する
東町の道しるべ
「此方《こなた》 世良田 たてはやし道 右 江戸なかせ 左 日光きさき道 右 ごりやう いせさき」

芭蕉句碑「時鳥招くや麦のむら尾花」がある

天明八年（1788）建立の庚申塔道標「右 薬師湯泉道 左 太田 日光」があったが、女塚薬師堂に移設された。源頼朝が「那須野の狩り」の帰途に入湯したという

【世良田《せらだ》】「徳川家康先祖発祥の地」といわれる。新田氏の祖新田義重の四男義季《よしすえ》は世良田と得川郷を領地としたところから得川義季と称した。家康はこの得川義季の末裔であるとし、松平から徳川に改称した。新田義重の祖父は源義家であるところから由緒正しき「源氏」の名籍であるとした

奥沢付近に源を発し、流末は利根川に落合う

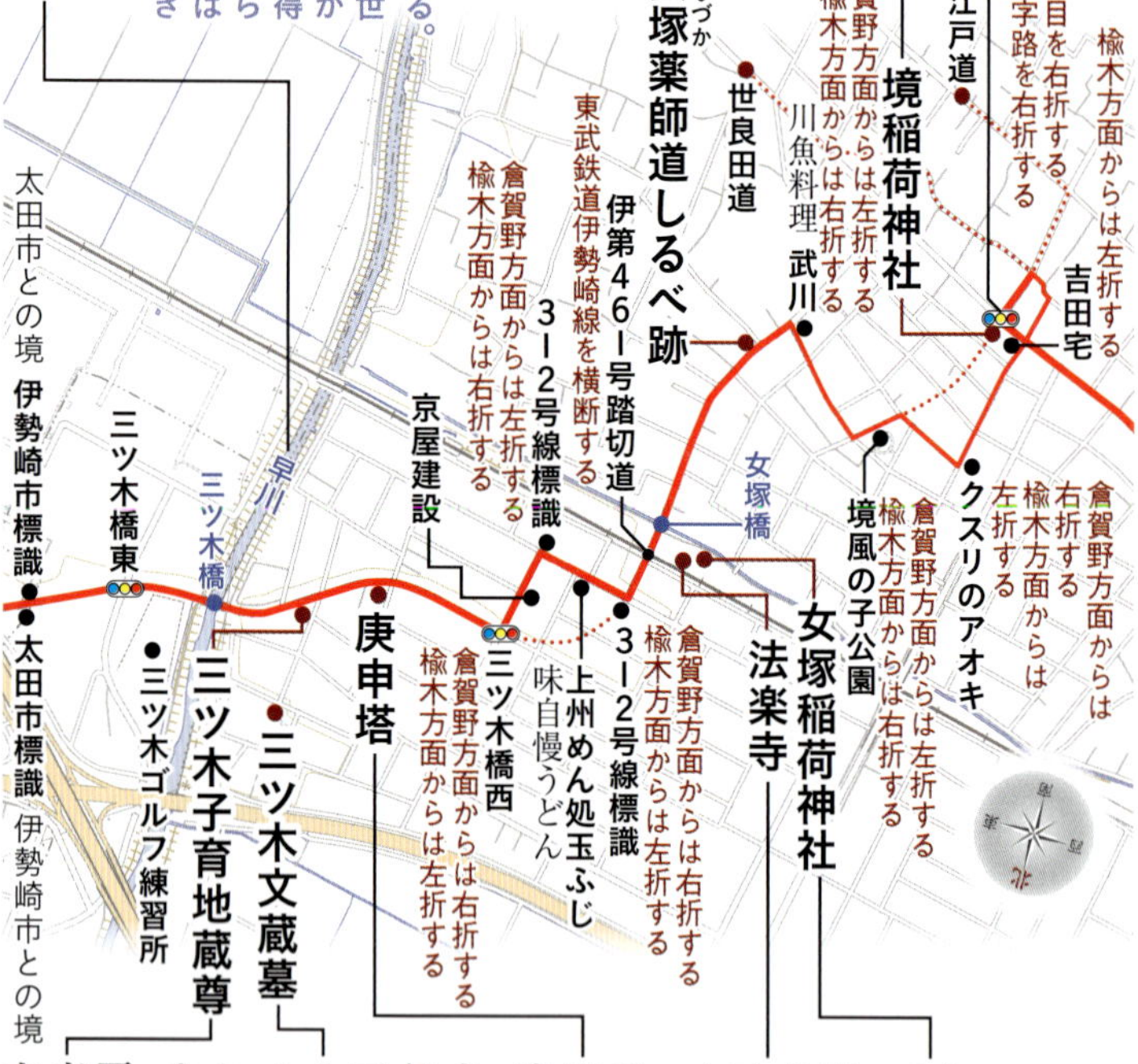
稲荷神社前
倉賀野方面からは左折し、一本目を右折する
楡木方面からは右折し、先の十字路を右折する
楡木方面からは左折する
江戸道
吉田宅
境稲荷神社
倉賀野方面からは左折する
楡木方面からは右折する
川魚料理 武川
世良田道
女塚《おなづか》薬師道しるべ跡
東武鉄道伊勢崎線を横断する
伊第461号踏切道
倉賀野方面からは左折する
楡木方面からは右折する
3ー2号線標識
京屋建設
女塚橋
境風の子公園
クスリのアオキ
倉賀野方面からは右折する
楡木方面からは左折する
倉賀野方面からは左折する
楡木方面からは右折する
女塚稲荷神社
法楽寺
倉賀野方面からは右折する
楡木方面からは左折する
3ー2号線標識
上州めん処玉ふじ
味自慢うどん
三ツ木橋西
倉賀野方面からは右折する
楡木方面からは左折する
庚申塔
三ツ木文蔵墓
三ツ木子育地蔵尊
三ツ木ゴルフ練習所
三ツ木橋
早川
三ツ木橋東
太田市との境
伊勢崎市標識
太田市標識
伊勢崎市との境
0
250
500m

女塚稲荷大明神を祀っている

享保五年（1720）造立の地蔵尊立像、安政五年（1858）造立の二十二夜搭等がある

天明八年（1788）、万延元年（1860）の建立

文蔵は伊三郎殺しの四年後に捕縛された。江戸伝馬町牢屋敷に投獄され、天保十一年（1840）小塚原で処刑された。享年三十二歳であった

覆屋内に子育地蔵尊と享保十年（1725）建立の庚申塔がある

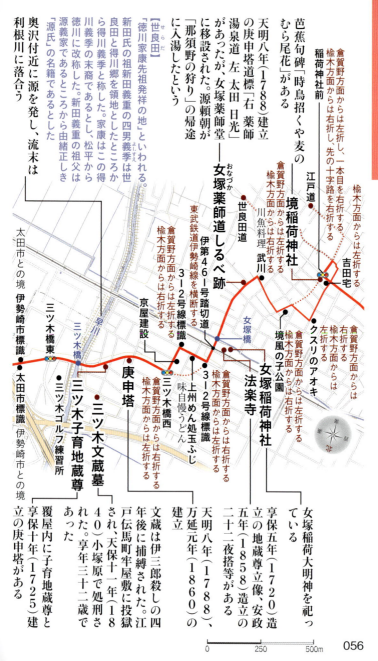

利根川の平塚河岸から川舟で「御用銅」を江戸に廻送した

矢太神湧水池に源を発し、流末は利根川に落合う

墓地隅に地蔵尊、青面金剛像庚申塔等がある

明治元年(1868)火災の際、住職が本尊の阿弥陀如来坐像の仏頭を運び出した(太田市文化財)

【中瀬《なかぜ》道】利根川の平塚河岸から対岸の中瀬河岸を経て中山道の熊谷宿へ至る。上州と江戸を結ぶ重要路で伊勢崎藩主の参勤や生糸の搬送路であった

古銅《こあかがね》街道
東武鉄道伊勢崎線
世良田駅
倉賀野方面からは左折する
楡木方面からは右折する
小角田《こすみだ》村
国道17号線上武道路高架をくぐる
横断歩道標識
小角田西
新田義貞公首塚
小角田
通行不可
石田川
石仏石塔
いずれの方面からも直進する
新田中江田町
来迎寺
ローソン
山茶花 喫茶軽食
カーブミラー
小石田橋
倉賀野方面からは渡詰めを左折し、一本目を右折する
小角田北
倉賀野方面からは右折する
楡木方面からは左折する
群馬県道69号線標識
(主)大間々世良田線 太田市小角田町
楡木方面からはガードレールの細道に入り小石田橋を渡る
高尾村
古銅街道
矢抜《やぬき》神社

首塚が復元されている。新田義貞は足利尊氏との戦いで討死にし、首級は京に晒された。義弟の世良田満義が密かに首を持ち帰り、前方後円墳の後円部に埋葬した

足尾銅山で産出した「御用銅」の搬送路として整備された

参道口に木造鳥居と庚申塔がある。社殿は二ツ塚古墳上に鎮座している。二本のヤマツバキは椿の原種で推定樹齢三〜四百年

境
5.8km
一里十二町

木崎

7.3km
一里三十町
太田

エリア＝群馬県太田市新田木崎町
最寄り駅＝木崎駅 東武鉄道伊勢崎線

三本辻地蔵尊
中瀬道追分に位置している。堂内の正徳五年（1715）造立の地蔵尊台座には「坂東 妙儀（義）四は（柴）道」「西国 為六親菩薩」「秩父 秩父中瀬道」と刻まれている（太田市文化財）。堂前には天保十四年（1843）造立の二十二夜塔等がある

医王寺
眼病に霊験あらたかな薬師で知られる。大イチョウは樹齢約二〜三百年で樹高20m。医王寺辺りが木崎宿の西口

前島河岸道
御用銅の津出しは平塚河岸から前島河岸に変更された

下の問屋跡
現さいとう接骨院。斎藤家が勤め、松の大樹があり「松の木斎藤」と呼ばれた

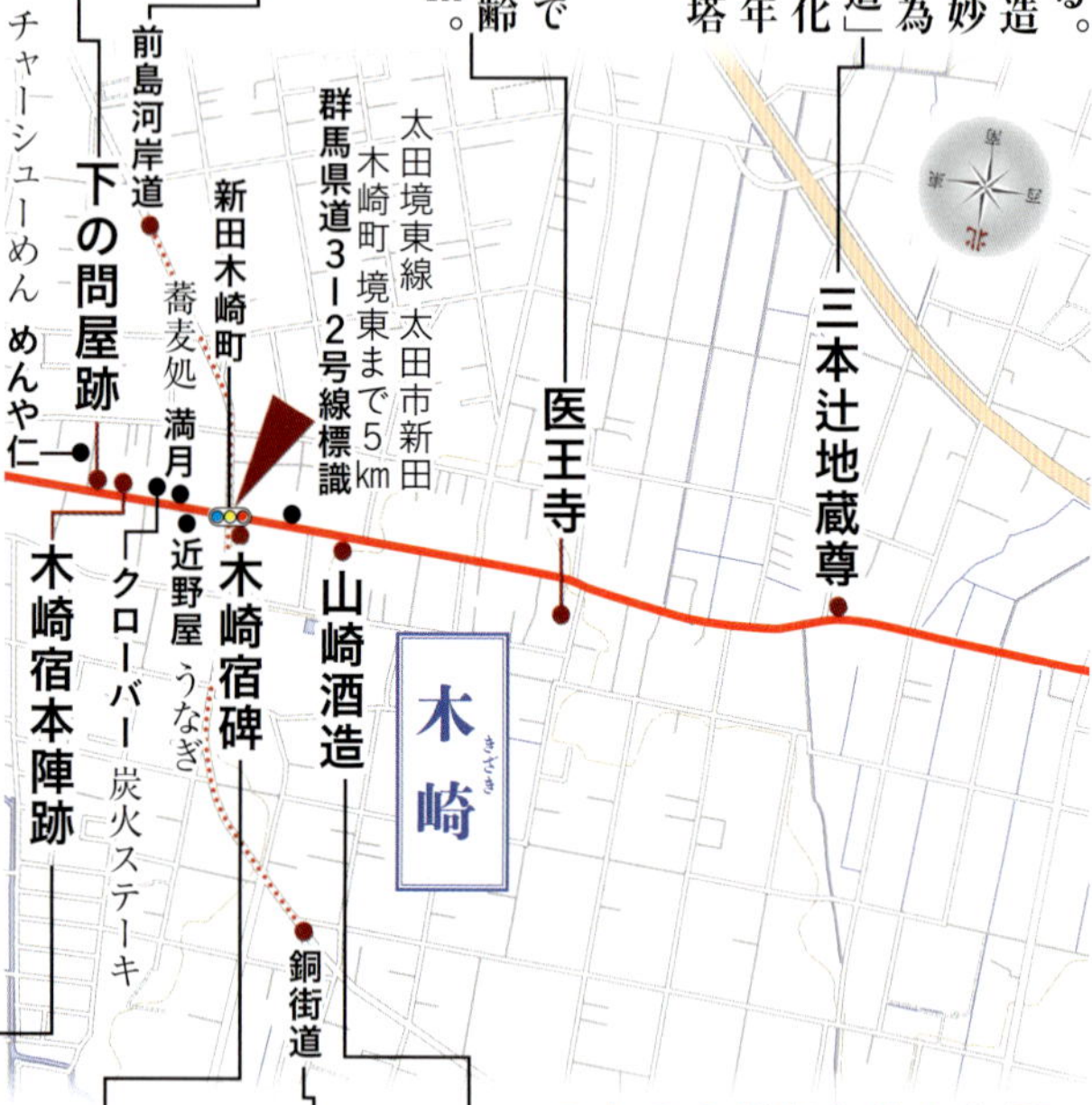
木崎《きざき》
太田境東線 太田市新田
木崎町 境東まで5km
群馬県道312号線標識
新田木崎町
蕎麦処 満月
近野屋 うなぎ
クローバー 炭火ステーキ
チャーシューめん めんや仁
木崎宿本陣跡
木崎宿碑
山崎酒造
銅街道

山崎酒造
創業明治八年（1875）銘酒「日本誉」の蔵元

銅街道
足尾銅山で産出し、製錬された御用銅を江戸へ搬送する新道

木崎宿碑
南面「日光例幣使道木崎宿 東 太田宿 日光 西 柴宿 京都」、東面「北 大通寺 銅山道 南 前島 利根川」

【木崎宿】
明和三年（1766）宿駅に制定された。小宿ではあったが飯盛が盛んで「木崎木の中、山の中、八木と梁田を向こうにまわし音に聞こえし女郎屋宿」と詠われた。天保十四年（1843）の例幣使道宿村大概帳によると宿内家数は百四十七軒、うち本陣一、問屋二、旅籠三十四軒（大七、中十、小十七）、宿内人数は九百十七人で宿長は東西七町半（約818m）であった

0 250 500m

「県指定史跡反町館跡2.4km」標識がある。新田義貞の本拠地新田荘の中心にあった平城

木崎宿の総鎮守。大国主命の后《きさき》を祀っているところから貴先になり、地名の「木崎」となった

「日光例幣使道　上州木崎宿　太田宿江一里三拾町」

【木崎音頭】木崎宿の飯盛の多くは越後から来た女達で、故郷の唄が木崎音頭として広まった。色地蔵は木崎音頭に「木崎下町の三方の辻に、お立ちなされし石地蔵様は、男通ればニコニコ笑い、女通れば石持て投げる、これがヤー本当の色地蔵様だがヤー」と唄われている

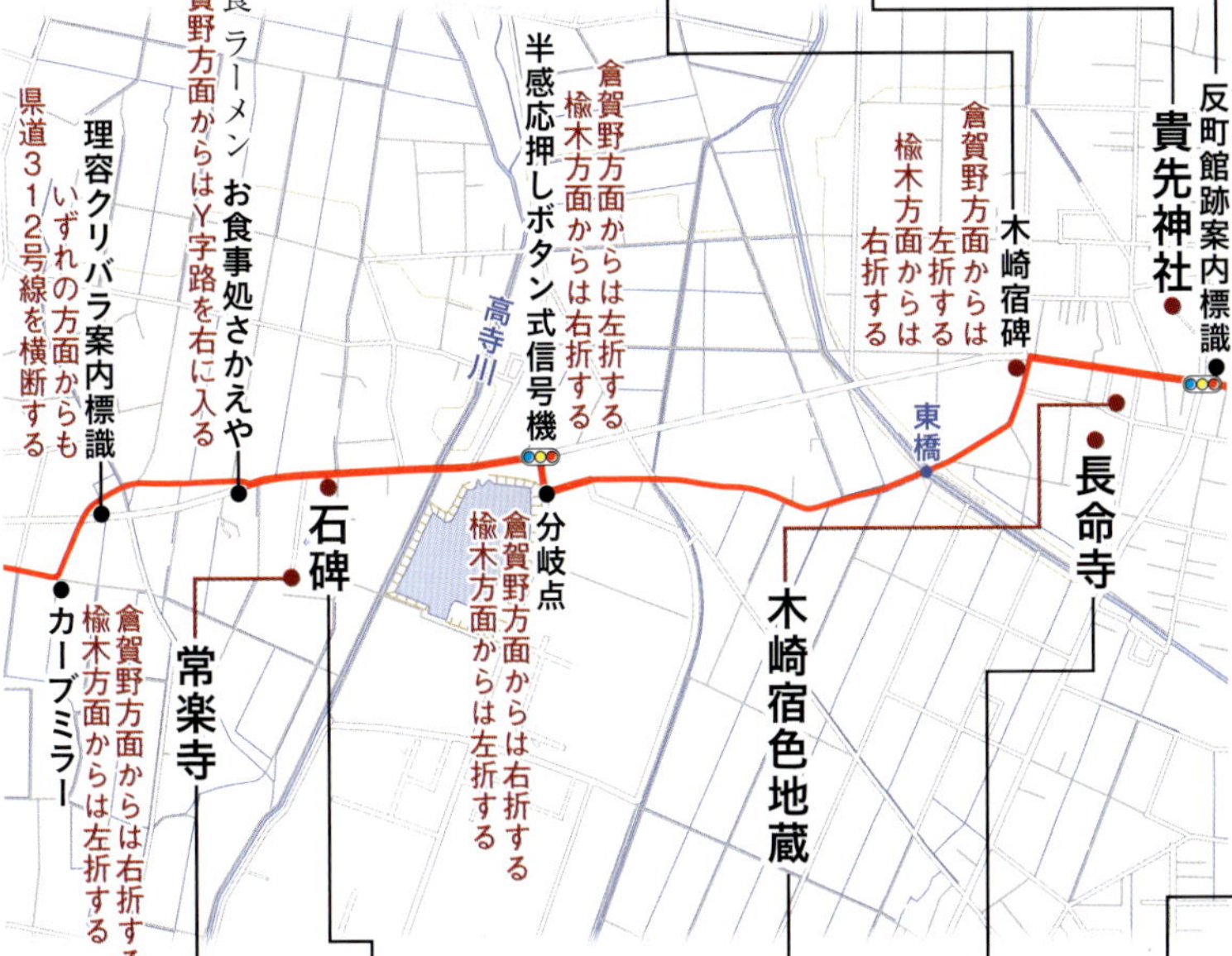

反町《そりまち》館跡案内標識
貴先神社
木崎宿碑
倉賀野方面からは左折する
楡木方面からは右折する
東橋
長命寺
木崎宿色地蔵
高寺川
半感応押しボタン式信号機
倉賀野方面からは左折する
楡木方面からは右折する
分岐点
倉賀野方面からは右折する
楡木方面からは左折する
石碑
常楽寺
定食　ラーメン　お食事処さかえや
倉賀野方面からはY字路を右に入る
理容クリバラ案内標識
県道312号線を横断する
いずれの方面からも
カーブミラー
倉賀野方面からは右折する
楡木方面からは左折する

茂木家が勤め、建坪六十四坪であった。庭木を残している

貴先神社の別当寺であった。山門前に馬頭観世音等がある

長命寺の門前にある。寛延三年(1750)造立の子育地蔵尊は飯盛女達の崇敬が篤かった

二基ある

元は新田木崎町にあったが明治二十五年(1892)蓮蔵寺、円通寺と合併し現在地に移転した。秋には境内一面に彼岸花が咲き誇る

古例幣使道
群馬泉蔵元標柱
赤石酒店
お食事処 ことぶき
らーめん わをん
宝泉小入口
とんかつ かつはな亭
宝町
ローソン
ひだまり 青竹手打佐野ラーメン
たから女性クリニック
倉賀野方面からは左折する
楡木方面からは右折する
ほっともっと 各種弁当
倉賀野方面からは左折する
楡木方面からは右折する
大渕医院駐車場
倉賀野方面からは右折する
楡木方面からは左折する
宝泉《ほうせん》中学校
一番公園
カーブミラー

0 250 500m

創業文久三年（1863）銘酒「群馬泉」の蔵元。日本酒古来の山廃造りによる醸造を行っている

下部が埋もれている

太田境東線 太田市藤阿久

流末は石田川に落合う

島岡酒造
庚申塔
威光寺
セブンイレブン
太田警察署宝泉交番
中華工房 彩煌
宝泉郵便局
聖橋
聖川
ファミリーマート
宝泉東小前
宝泉東小学校
ラーメン 焼肉 守華
群馬県道312号線標識
コメダ珈琲店
藤阿久《ふじあぐ》
天下一品 中華そば
椿森橋
蛇川

新田義貞の次男義興《よしおき》の菩提寺で宝篋印塔がある。新田家累代の祈願寺として栄えた。不動堂に安置されている不動明王像は新田義貞が寄進したもの

【松茸献上道中】寛永六年（1629）館林藩主榊原忠次が徳川三代将軍家光に松茸を献上したのが始まり。この道中は御茶壺道中に匹敵する権威があり、たとえ大名であっても出会えば駕籠を降り、道端に控えた

【呑龍《どんりゅう》上人】大光院の呑龍上人は、この地では多くの赤子が間引かれていることを嘆き悲しみ、寺領三百石を費やし、これらの子を引き取り七歳まで弟子として育て、人々から「子育て呑龍」と慕われた。例幣使は例年四月十一日参拝を常とした

木崎

7.3km
一里三十町

太田

7.6km
二里十町

八木

エリア＝群馬県太田市本町
最寄り駅＝太田駅 東武鉄道伊勢崎線・桐生線・小泉線

【宿泊】
H1 ビジネス旅館鳥順 ☎0276(25)1280
H2 出口屋旅館 ☎0276(22)2022
H3 旅館大仙館 ☎0276(25)5255

【太田宿】

太田の地名は、推古天皇の代に開拓された新田が大きかったところに由来する。太田は大光院の門前町として栄え、正保二年（1645）宿駅となったが、飯盛は禁止であった。天保十四年（1843）の例幣使道宿村大概帳によると宿内家数は四百六十軒、うち本陣一、脇本陣一、問屋二、旅籠十軒（大三、中三、小四）、宿内人数は千四百九十六人で宿長は東西九町十間（約1，000m）であった

「八瀬川畔の桜」は疎水百選

北約1㎞に大光院新田寺がある。慶長十八年（1613）家康が祖とする新田義重追善のために創建し、呑龍上人を招聘して開山した

保健福祉事務所西
くぐる
東武鉄道桐生線高架
そば処 斜里
太田六丁目バス停
旧日光例幣使道石碑
大門入口バス停
本町
八瀬川
西本町
西本町西
ローソン
群馬県道2号線標識 前橋館林線 太田市西本町
楡木方面からはY字路を左に進む
永盛橋
本島病院前バス停
長念寺
春日神社
東光寺
0 250 500m

東詰めに木戸があった、太田宿の西口

本陣橋本家代々の墓がある

太田の総鎮守。新田義重が勧請し、新田家の崇敬社とした

多摩川の「矢口の渡し」で謀殺された新田義貞の次男義興の墓がある

太田宿本陣跡
太田宿本陣跡地碑がある。橋本家が勤め、代々金左衛門を襲名し、建坪千三百五十六坪であった

古戸道
利根川の「古戸の渡し」に通じる。松茸献上道中や桐生織物の搬送路であった

新島追分地蔵
堂内に追分子育地蔵尊と享和三年（1803）建立の廻国供養塔道標「右 たてはやし こか道、左 日光道 やきさの駅」がある（太田市重要文化財）

本格インド料理レストラン **パールバティー**

太田《おおた》
太田三丁目バス停
太田宿本陣跡
高札場跡
古戸《ふると》道
東武鉄道伊勢崎線
桐生線 小泉線
出口屋旅館
太田駅
東本町十字路
旅館大仙館
新島追分地蔵
パールバティー
らあ麺 うしおととり
SUBARU南門前
くぐる
東武鉄道伊勢崎線高架
餃子とタンメン専門店
華月
至 館林
館林道
長岡橋
鶴巻川
新島町
倉賀野方面からは左折する
楡木方面からは右折する
SUBARU正門前
東本町
新田義貞・脇屋義助《よしすけ》像
太田駅入口
ガスト カフェレストラン
ビジネス旅館島順
旅籠こく屋跡
SUBARU
1
2
3

高山神社
祭神は高山彦九郎。尊皇思想家で吉田松陰や幕末の志士等に影響を与えた

旅籠こく屋跡
現いどばた。「旅籠屋こくや三郎次」は文化十年（1813）創業

新田義貞・脇屋義助像
鎌倉幕府を倒し、南朝方として最期まで室町幕府と戦い続けた兄弟像

SUBARU
前身の中島飛行機は戦時中、隼、鍾馗、疾風、呑龍等の名機を輩出した

【新田義貞】 後醍醐天皇の綸旨《りんじ》に応じ、鎌倉幕府を倒し、建武新政樹立の功労者となった。後に同じく倒幕に貢献した足利尊氏と対立し、尊氏が北朝（室町幕府）を擁立すると、義貞は後醍醐天皇の命により、南朝の総大将として各地を転戦し、延元三年（1338）越前藤島で、額に矢を受け戦死した

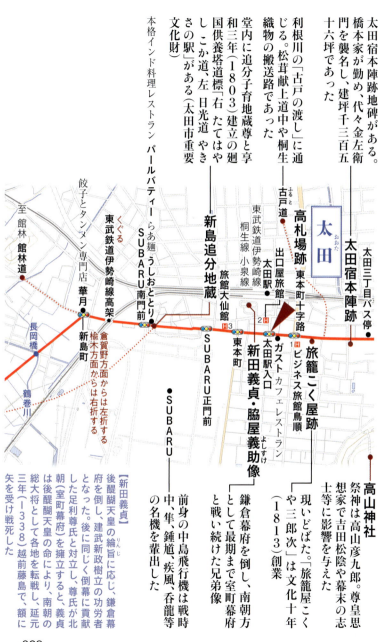

「東 福居佐野道 南 龍舞小泉道 西 太田道 北 丸山桐生道」と「日光例幣使道 台之郷の辻」標石がある

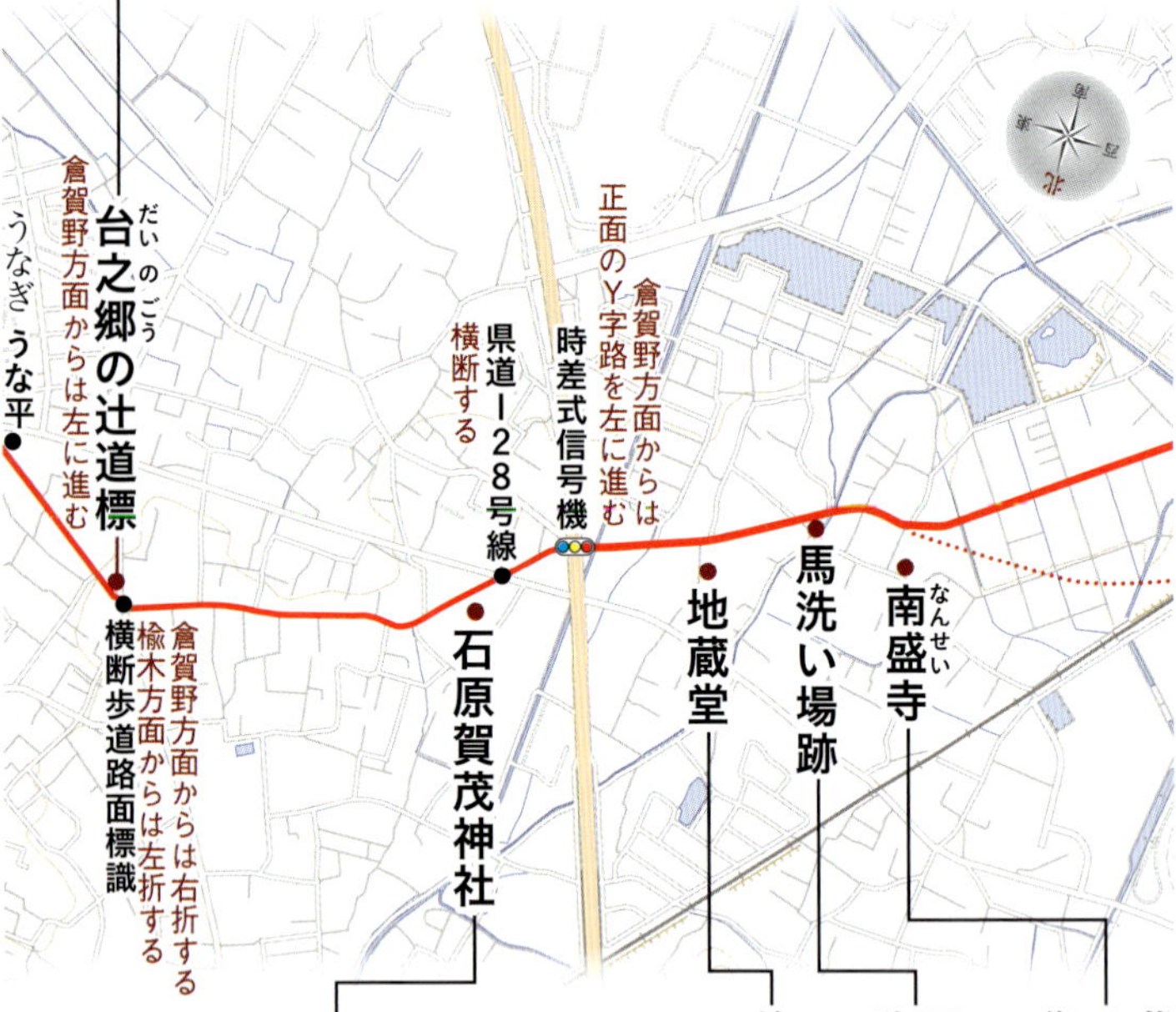
うなぎ
うな平
倉賀野方面からは左に進む
台之郷《だいのごう》の辻道標
横断歩道路面標識
倉賀野方面からは右折する
楡木方面からは左折する
県道128号線
横断する
石原賀茂神社
時差式信号機
倉賀野方面からは正面のY字路を左に進む
地蔵堂
馬洗い場跡
南盛寺《なんせい》
0
250
500m

薬師堂に薬師瑠璃光如来像、日光月光菩薩像、十二神将像がある

「日光例幣使道 馬洗い場跡」標石がある

境内に石仏石塔群がある

「日光例幣使道 鳥居のない神社」標石がある。例幣使が境内で休息していると、犬が激しく吠えかかった。友侍が犬の首を刎ねると、首が鳥居の上にいた大蛇に噛み付き、例幣使の危難を救った。一行は犬を手厚く供養し、元凶となった鳥居を取り払った。平成十八年（2006）建立の救命犬坐像や覆屋内に庚申塔や石祠がある

正願寺奇石がある。言伝えに「この渡良瀬石は古代より霊験なる伝承あり、濫《みだ》りにふれる時は村内に異変が起こる」という

倉賀野方面からは左折する
楡木方面からは右折する
セブンイレブン
正願寺《しょうがん》
開倫塾
太田東高校案内標識
江徳寺《こうとく》
太田市休泊行政センター案内標識
佐野太田線 太田市台之郷 市街地まで5km
群馬県道128号線標識
欄干橋
韮川用水路
倉賀野方面からは右折する
楡木方面からは左折する
矢場
倉賀野方面からは左折する
楡木方面からは右折する
プリントフジ
住吉大明神社
定食 食事処和
麺めん 焼そば
倉賀野方面からはY字路を右に進む
分岐点
旧日光例幣使街道標石
この先「桜山」跡標石
いずれの方面からも変則十字路の中央を進む
県境
群馬県と栃木県の境

江戸時代末期に寺子屋が開かれ、明治時代には韮川小学校の前身である「擇善《たくぜん》学校」が開校した

戦国時代、矢場国隆が築城した本矢場城址に鎮座している。土塁の一部が現存する

桜を植えた山があり、日光例幣使道を旅する人々の憩いの場であった

日光例幣使道と館林道の追分

矢場川土橋が架橋された。橋の中央が上野と下野の國境であった

八幡林《はちまんばやし》に源を発し、流末は渡良瀬川に落合う。矢場川は渡良瀬川の本流であった

【八木節】大正時代初期、遊郭の娼婦が唄う木崎音頭に、馬方源太が節回しをつけ「八木節」を完成させ、飼い葉桶を叩きながら唄った

群馬県と栃木県の境 県境
いずれの方面からも変則十字路の中央を進む
新宿十字路バス停
新宿《あらじゅく》の辻
倉賀野方面からは左折する
楡木方面からは右折する
新宿町
至 館林
館林道
セブンイレブン
新宿橋
矢場川郵便局
八坂神社
新宿勢至堂
上野國《こうずけのくに》
下野國《しもつけのくに》
矢場川
お食事 あたりや
堀里ニュータウン南バス停
上川橋
堀込町南
来陽軒 中華料理
堀込村
宝性寺《ほうじょう》
栃木県道128号線標識 押ボタン式信号
佐野太田線 足利市堀込町 例幣使街道
かね家 すし そば 和食料理
河南《かなん》消防署

鳥居前に社標道標「東 佐野福居道 西 太田伊勢崎道 北 足利道」がある

勢至菩薩像を安置している。堂脇に「新宿の辻」にあった正保三年（1646）造立の辻地蔵道標「右へ たて者やし道 左へ さの道」と寛政五年（1793）造立の如意輪観音念佛供養塔道標「右ハたてはやし道 左ハさの道」がある

渡良瀬川の旧流路を堀込め（埋立て）たところに由来する

本尊の十一面観世音菩薩は「厄除けの堀込薬師」として知られる。八木節の創始者堀込源太の墓がある

0 250 500m

太田

7.6km
二里十町

八木

3.5km
三十町

梁田

エリア＝栃木県足利市福居町
最寄り駅＝福居駅 東武鉄道伊勢崎線

【八木宿】

八木の地名は宿の周囲に八本の松があったところに由来する。八木宿は飯盛が盛んで、明治後は八木と梁田の遊女屋が北の栄町に集められ、遊郭を形成し、昭和の初めまで賑わった。天保十四年(1843)の例幣使道宿村大概帳によると宿内家数は九十六軒、うち本陣一、問屋三、旅籠十九軒(中六、小十三)、宿内人数は五百四十二人で宿長は東西六町(約655m)であった

【宿泊】
H1 ホテルルートイン第2足利
国道50号沿
☎0284(70)8400
H2 旅館富士
☎0284(71)5436

延享二年(1745)造立の地蔵菩薩像念仏供養塔がある

八木《やぎ》
ホテルルートイン第2足利国道50号沿
佐野太田線 足利市堀込町
栃木県道128号線標識
ファミリーマート
八坂神社入口バス停
八木宿
ほっともっと
各種弁当
八木宿もなか本舗
足利銘菓「八木宿もなか」の老舗
八木節会館
旧日光例幣使街道八木宿碑
福居駅入口バス停
阿弥陀堂跡
東武鉄道伊勢崎線を横断する
伊第341号踏切
H2 旅館富士
福居駅 東武鉄道伊勢崎線
福居町
母衣輪《ほろわ》神社
八木宿バス停
八木宿本陣跡
龍善寺
福居郵便局
八木宿西木戸跡
NTT
1 H
堀込町東

龍善寺浄墓地の辺りにあった、八木宿の西口。「ようこそ八木節のふるさとへ」看板がある

本尊の阿弥陀三尊像は江戸時代初期の造立(足利市重要文化財)

ライフスポット テラヤマに本陣跡標石がある。寺山家が勤め、屋号を「千代本」と称し、建坪八十三坪で高札場があった

八木宿の鎮守。日本武尊が東征の折、母衣を奉納し戦勝祈願した。大イチョウは推定樹齢二百～三百年で、樹高約13m(足利市天然記念物)。この辺りが八木宿の東口

建仁年中（1201〜4）新田義重の創建。古墳上の本殿には見事な彫刻が施されている（足利市文化財）

古墳上に鎮座している

寛政八年（1796）建立の庚申塔道標「農道館林 ひだり さの」、大正十三年（1924）建立の折れた道標「東南 久野ヲヘテ館林方面ニ至ル 東 梁田ヲヘテ佐野方面ニ至ル 西 福居ヲヘテ太田方面ニ至ル

赤城神社
諏訪神社
日本そば 静庵
地蔵供養塔
道標二基
押ボタン式
上渋垂町《かみしぶたれちょう》バス停
栃木県道128号線標識 佐野太田線 足利市上渋垂町
よしみや そば処
例幣使街道標識 県道佐野太田線 足利市上渋垂町
くるまやラーメン
つけ汁そば 鍋焼きうどん 味のめん処喜八
ローソン
上渋垂町
セブンイレブン
スリーヤ 本場インド料理
南分署バス停
神明地《じんみょうち》バス停
上神明地橋

享保三年（1718）造立の石造地蔵立像がある。かつては地蔵堂があった

0 250 500m

八木

３．５km
三十町

梁田

１０．７km
二里十八町

天明

エリア＝栃木県足利市梁田町
最寄り駅＝福居駅 東武鉄道伊勢崎線

梁田《やなだ》
自性寺
梁田戦争で戦死した幕府軍の無名兵士十二名を葬った「梁田戦役幕軍之墓」がある
【梁田戦争】慶応四年（１８６８）幕府軍九百余名が梁田宿に宿営し、飯盛を相手に宴を張った。翌早朝、官軍が三方から急襲し、梁田宿一帯は市街戦となり、幕府軍六十四名が戦死し、梁田宿の七割が焼失した
県道佐野太田線 足利市梁田町 例幣使街道標識
旧日光例幣使街道梁田宿碑
うなぎ 金箱
並木やぶそば堀江店
梁田町自治会館バス停
倉賀野方面からは左折する／楡木方面からは右折する
倉賀野方面からは土手道を右に進む 楡木方面からは左折する
梁田町街灯標識
梁田郵便局
車宿跡
長福寺
星宮神社
弾痕の松
姥川
普門寺橋
梁田町

【梁田宿】「梁田の渡し」を控え賑わった。八木宿と同じく飯盛りが盛んで、明治になっても引き継がれたが、東武鉄道敷設に反対し、衰退してしまった。天保十四年（１８４３）の例幣使道宿村大概帳によると宿内家数は百五軒、うち本陣二、問屋二、旅籠三十二軒、宿内人数は四百三十一人で宿長は東西五町五十五間（約６４５ｍ）であった

弾痕の松：足利市梁田公民館に梁田宿の旅籠中山楼にあったマツが移植されている。幹の中央に梁田戦争の被弾痕を残している（足利市史跡）

長福寺：「梁田戦争戦死塚（足利市重文）」、「明治戊辰梁田役東軍戦死者追弔碑」がある

星宮神社：享和元年（１８０１）建立の本殿には豪華な彩色彫刻が施されている（足利市文化財）

車宿跡：荒井家は宿場時代の資料を多数残している

橋上からは富士山や上毛三山（赤城山、榛名山、妙義山）が望める

足利館林線 足利市梁田町

皇海山《すかいさん》に源を発し、流末は利根川に落合う。川名は日光を開山した勝道上人が浅瀬を渡ったところに由来する

大正六年（1917）造立の如意輪観音像

かつては念仏堂があった、川崎下町公民館に天明八年（1788）造立の如意輪観音像等がある

傍らに「南無」と刻まれた石塔がある

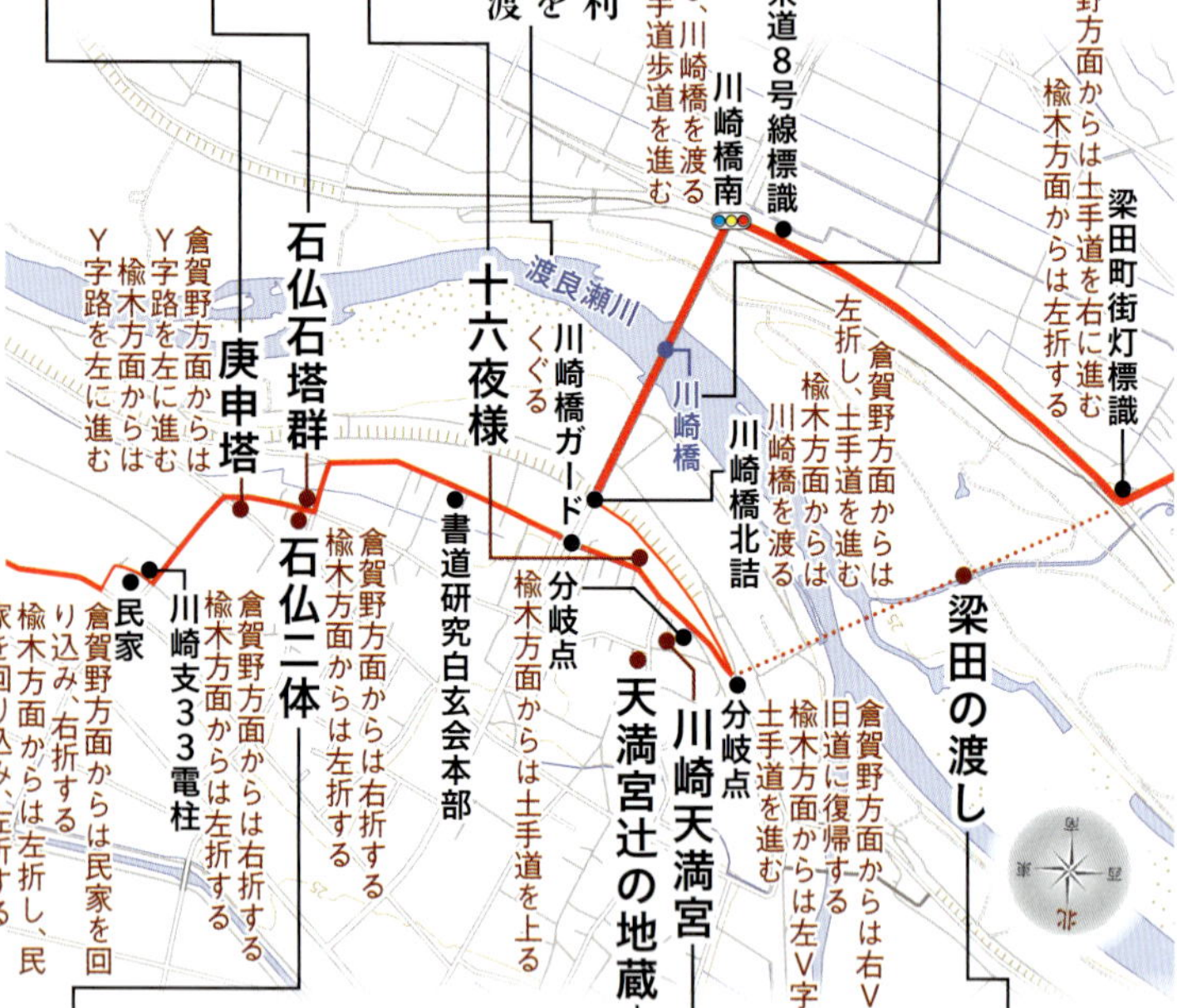
栃木県道8号線標識
倉賀野方面からは左折し、川崎橋を渡る
楡木方面からは右折し、土手道歩道を進む
川崎橋南
倉賀野方面からは土手道を右に進む
楡木方面からは左折する
梁田町街灯標識
渡良瀬川
川崎橋
倉賀野方面からは左折し、土手道を進む
楡木方面からは川崎橋を渡る
川崎橋北詰
十六夜様
川崎橋ガードくぐる
石仏石塔群
庚申塔
倉賀野方面からはY字路を左に進む
楡木方面からはY字路を左に進む
石仏二体
書道研究白玄会本部
分岐点
楡木方面からは土手道を上る
倉賀野方面からは右折する
楡木方面からは左折する
倉賀野方面からは右折する
楡木方面からは左折する
川崎支33電柱
民家
倉賀野方面からは民家を回り込み、右折する
楡木方面からは左折し、民家を回り込み、左折する
梁田の渡し
分岐点
倉賀野方面からは右V字ターンし、旧道に復帰する
楡木方面からは左V字ターンし、土手道を進む
川崎天満宮
天満宮辻の地蔵
0 250 500m

舟渡しであった。舟着場をアイヌ語で「ヤンタ」といい、これが転訛し「ヤナダ」になったともいう

例幣使は参拝を常とし、野立を行った。例幣使綾小路有長が詠んだ「行かえり旅のねがひも天満るかみのめぐみをやなだにぞしる」等の短冊が残されている

覆屋内に宝暦年間（1751〜64）造立の石造地蔵菩薩像と文政三年（1820）造立の小さな地蔵菩薩像がある

頭部が欠けた地蔵尊と文化八年（1811）造立の青面金剛像庚申塔がある

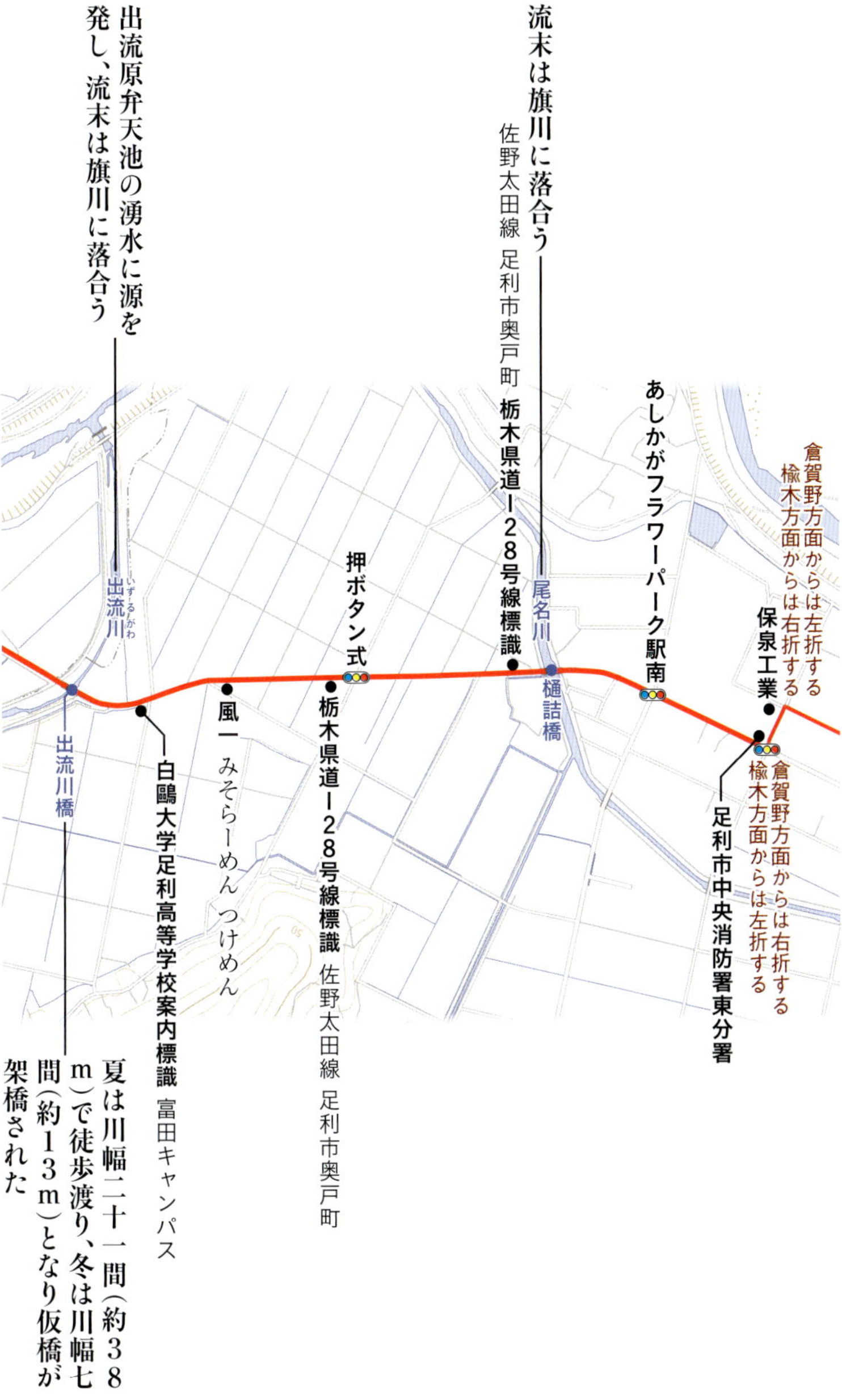

倉賀野方面からは左折する
楡木方面からは右折する
保泉工業
あしかがフラワーパーク駅南
足利市中央消防署東分署
倉賀野方面からは右折する
楡木方面からは左折する
流末は旗川に落合う
栃木県道128号線標識 佐野太田線 足利市奥戸町
尾名川
樋詰橋
押ボタン式
栃木県道128号線標識 佐野太田線 足利市奥戸町
風一 みそらーめん つけめん
白鷗大学足利高等学校案内標識 富田キャンパス
出流川《いずるがわ》
出流川橋
出流原弁天池の湧水に源を発し、流末は旗川に落合う
夏は川幅二十一間(約38m)で徒歩渡り、冬は川幅七間(約13m)となり仮橋が架橋された

佐野太田線 佐野市村上町

円墳三十二基と前方後円墳一基の群集墳（足利市埋蔵文化財）。墳上からは東に筑波山、南に富士山、秩父連峰、西に浅間山、北に男体山を望む景勝地で「御野立所址碑」がある。昭和九年（1934）昭和天皇はここから陸軍大演習を上覧指揮した

寺岡山薬師寺で元三大師を祀る。「厄除け大師」として広く知られる

元文五年（1740）建立「佐野道 足利道 太田道」、寛政三年（1791）建立の道祖神道標「日光道佐野道 江戸道館林道 善光寺道太田道足利道」（共に足利市重要文化財）

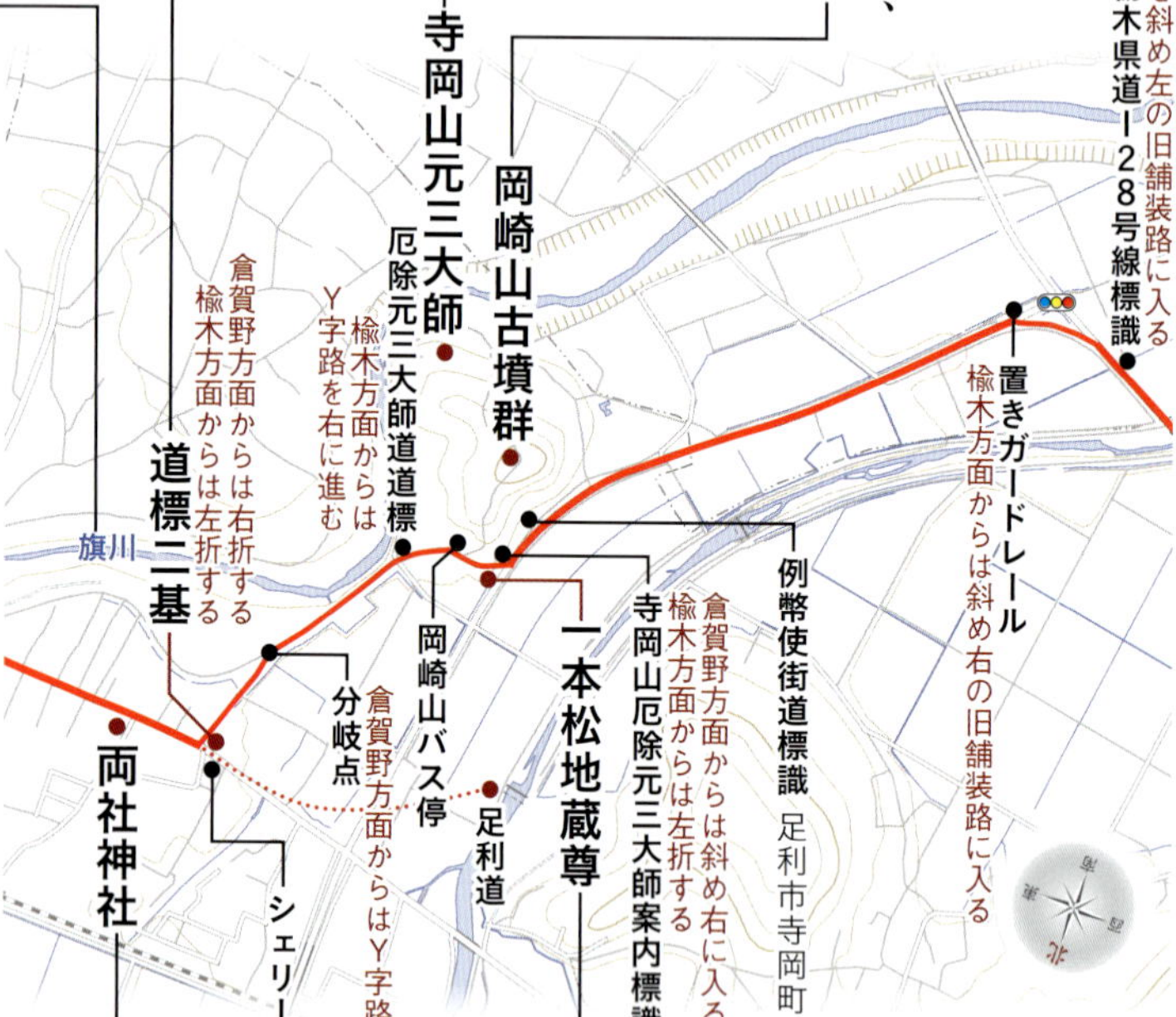
倉賀野方面からは先を斜め左の旧舗装路に入る
栃木県道128号線標識
岡崎山古墳群
寺岡山元三大師
厄除元三大師道道標
榆木方面からはY字路を右に進む
倉賀野方面からは右折する
榆木方面からは左折する
道標二基
旗川
置きガードレール
榆木方面からは斜め右の旧舗装路に入る
例幣使街道標識 足利市寺岡町
倉賀野方面からは斜め右に入る
榆木方面からは左折する
寺岡山厄除元三大師案内標識
一本松地蔵尊
岡崎山バス停
分岐点
両社神社
足利道
倉賀野方面からはY字路を左に進む
シェリーロード 地中海料理レストラン

丘上の覆屋内に安置されている

国造りの神、伊邪那岐命《いざなぎのみこと》と伊邪那美命《いざなみのみこと》の二社を祀っている。道標「向 佐野道 向足利道 向 赤見道」がある

0 250 500m

氷室山に源を発し、流末は渡良瀬川に落合う

大正八年（1919）建立

厄除神事「芦畦獅子舞（佐野市無形文化財）」の獅子頭を収蔵している。台石が亀の薬師尊常夜燈がある

【佐野城】藤原秀郷は平将門を討ち下野守となった。秀郷は佐野の北に唐沢山城を築き、子孫は「佐野氏」を称した。慶長七年（1602）山城禁止令により唐沢山城は廃され、同十二年（1607）佐野信吉が春日岡に佐野城を築城した。しかし同十九年（1614）信吉は改易となり廃城となった。信吉の「吉」は秀吉より拝領したもので、これが遠因になっている

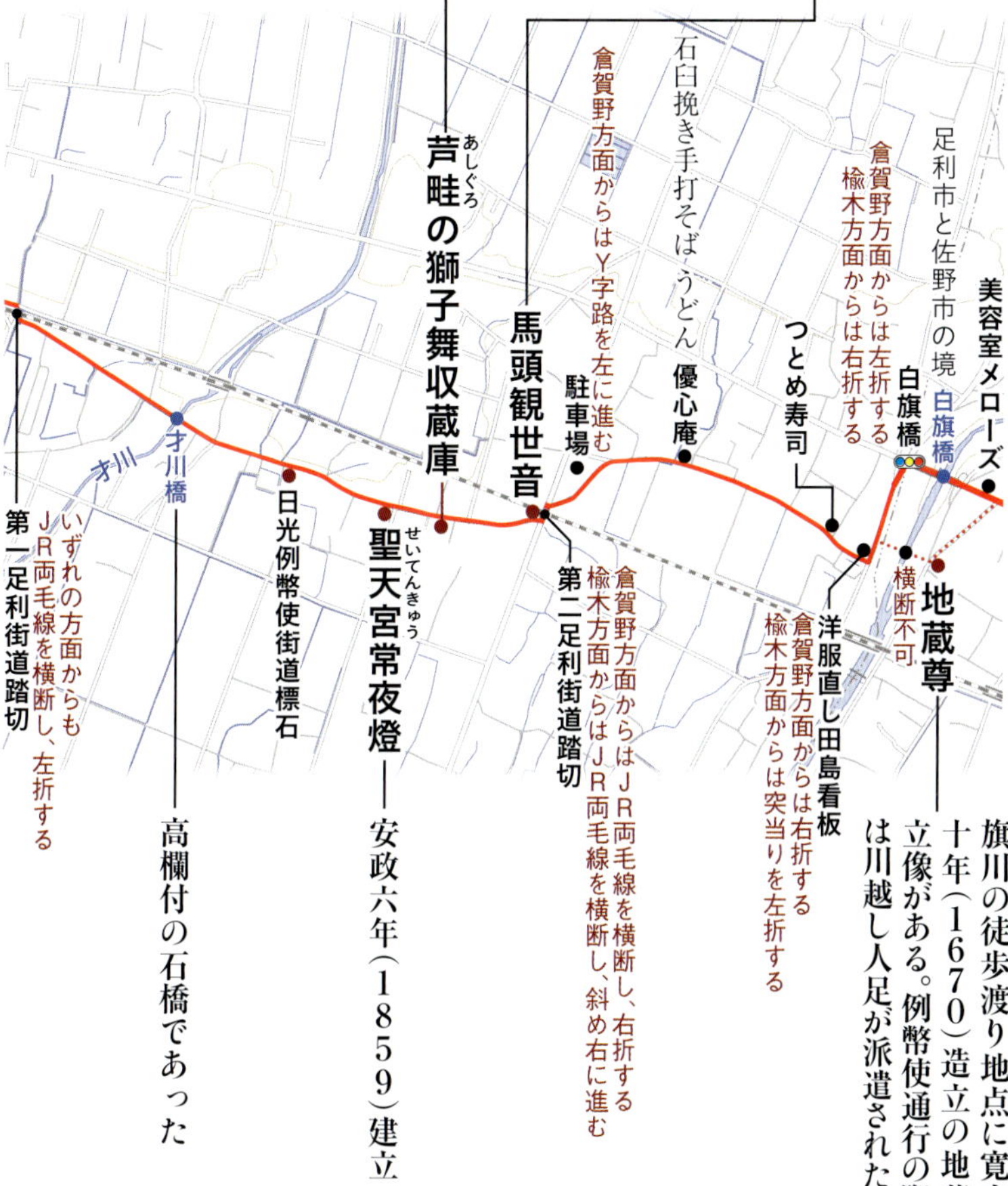

美容室メローズ
足利市と佐野市の境
白旗橋
白旗橋
倉賀野方面からは左折する
楡木方面からは右折する
つとめ寿司
優心庵
石臼挽き手打そば うどん
倉賀野方面からはY字路を左に進む
駐車場
馬頭観世音
芦畦《あしぐろ》の獅子舞収蔵庫
聖天宮《せいてんきゅう》常夜燈
日光例幣使街道標石
才川
才川橋
第一足利街道踏切
いずれの方面からもJR両毛線を横断し、左折する
第二足利街道踏切
倉賀野方面からはJR両毛線を横断し、右折する
楡木方面からはJR両毛線を横断し、斜め右に進む
洋服直し田島看板
倉賀野方面からは右折する
楡木方面からは突当りを左折する
横断不可
地蔵尊

旗川の徒歩渡り地点に寛文十年（1670）造立の地蔵立像がある。例幣使通行の際は川越し人足が派遣された

安政六年（1859）建立

高欄付の石橋であった

梁田

10.7km 二里十八町

天明

2.9km 二十七町

犬伏

宿泊

H1 シティーホテルオークラ ☎0283(24)1234

H2 ホテルセレクトイン佐野駅前 ☎0283(85)9710

H3 スーパーホテル佐野藤岡 ☎0283(22)9000

「諏訪大明神、帝釈天王、水神宮」碑

本尊の木造阿弥陀如来座像は平安期の作(栃木県重要文化財)

移葬中の家康の霊柩が一泊した

佐野厄除け大師。山門は佐野城門を移築したもの

文治三年(1187)唐沢山城主佐野基綱の創建

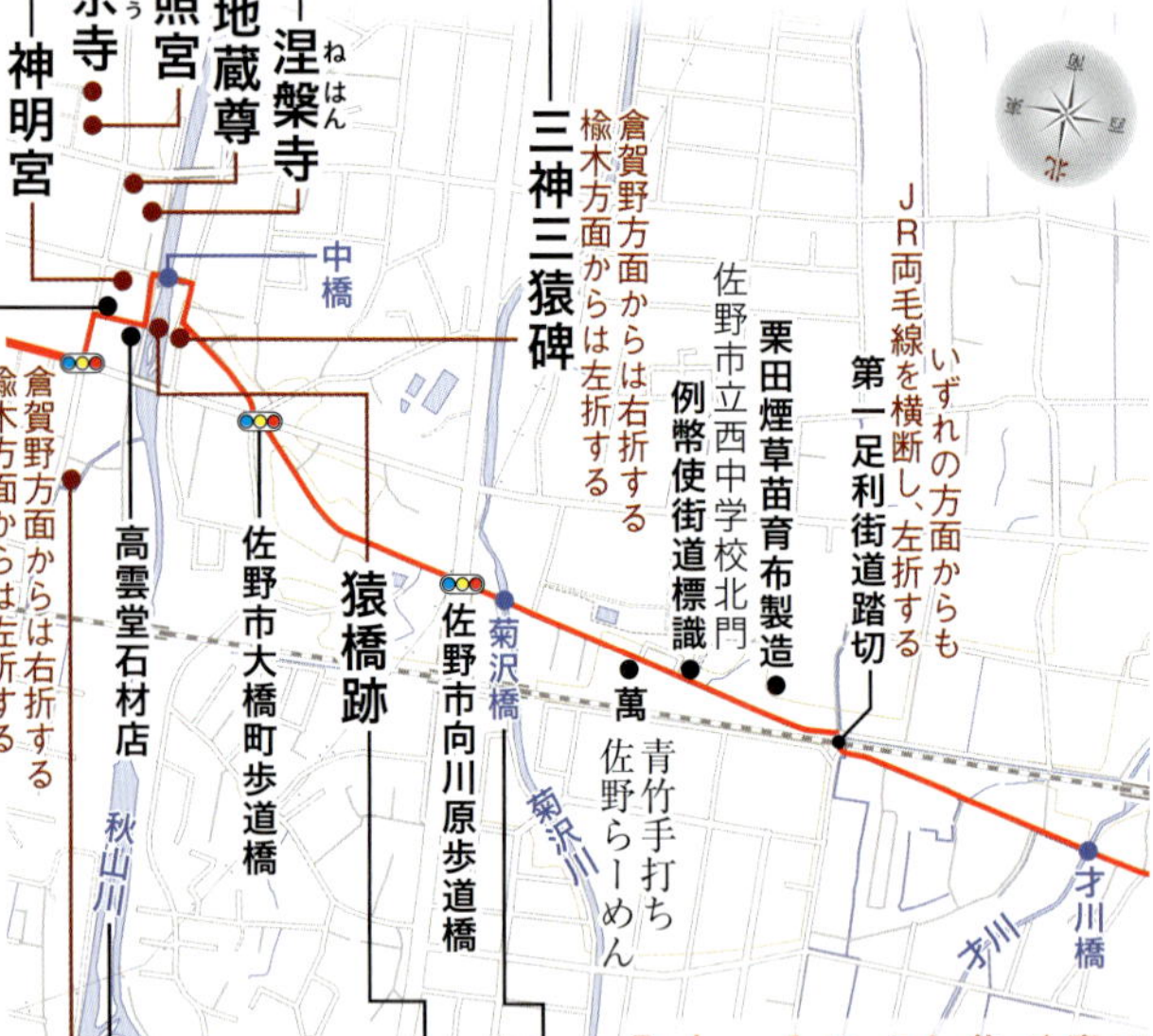
佐野東照宮
日限地蔵尊
涅槃寺《ねはん》
惣宗寺《そうしゅう》
神明宮
三神三猿碑
中橋
倉賀野方面からは右折する
楡木方面からは左折する
佐野市立西中学校北門
栗田煙草苗育布製造
例幣使街道標識
第一足利街道踏切
いずれの方面からもJR両毛線を横断し、左折する
倉賀野方面からは右折する
楡木方面からは左折する
高雲堂石材店
佐野市大橋町歩道橋
猿橋跡
佐野市向川原歩道橋
菊沢橋
萬
青竹手打ち佐野らーめん
菊沢川
秋山川
才川
才川橋
熊野神社

石橋で長さ七間半(13.6m)、幅七尺(約2.1m)であった

天明宿の西口であった

氷室山に源を発し、流末は渡良瀬川に落合う

熊野神社
「出流天狗殉難碑」がある。倒幕に奔走した若者四十一名が斬首された

【天明宿】

慶長十二年(1607)佐野城の城下町が形成され、宿場町として発展した。鋳物産業が盛んで、鉄燈籠を朝廷に献上したところ、天をも明るくしたとして「天明」の名が下賜された。天保十四年(1843)の例幣使道宿村大概帳によると宿内家数は千九十五軒、うち本陣一、問屋二、旅籠八軒(中四、小四)、宿内人数は四千百四十九人で宿長は東西六町四十八間余(約742m)であった

エリア=栃木県佐野市高砂町
最寄り駅=佐野駅 JR両毛線／東武鉄道佐野線

0 250 500m

大永年間（1521〜28）藤原秀郷の開基　**観音寺**

明治十年（1877）築の見世蔵　**味噌饅頭新井屋**

日光東照宮警護の八王子千人同心が通行した　**日光千人同心街道追分**

創業弘化元年（1844）銘菓「天明最中」の老舗　**大坂屋**

「赤門」と呼ばれている　**徳雲寺**

淳子シェフの洋食屋さん　**AJISAI**

佐野宗綱の創建。寛政十年（1798）鋳造の天明鋳物鋳銅半鐘がある　**浄泉寺**

毎年十一月の恵比寿講は大層賑わう　**西宮神社**

引地山日向寺観音堂
鋳銅梅竹文透《うめたけもんすかし》釣燈籠は天明鋳物の最高傑作という（国文化財）

星宮神社　天明の総鎮守。銅鳥居は享保二十年（1735）鋳造（佐野市文化財）

小沼呉服店　創業明治元年（1868）、庵看板を掲げている

天明宿本陣跡　現群馬銀行佐野支店。松村家が勤め、代々与左衛門を襲名し、建坪九十坪で例幣使の宿所となった

佐野城址　佐野信吉が春日岡に築城した

金成院　例幣使一行の宿所となった

一向寺
日限地蔵尊は加宿堀米宿飯盛女達の信仰が篤かった

妙顕寺
佐野城の鬼門除け。佐野氏の祈願寺であった

八幡神社一ノ鳥居
天保五年（1834）建立の石燈籠がある

天明

2.9km 二十七町

犬伏

10.8km 二里二十七町

富田

エリア＝栃木県佐野市犬伏下町
最寄り駅＝佐野駅 JR両毛線
東武鉄道佐野線

【犬伏宿】

犬伏宿は「佐野の内、町長く大きな農家もあり、道幅広くきれいな街並」といわれた。天保十四年（1843）の例幣使道宿村大概帳によると宿内家数は七百二十八軒、うち本陣二、問屋二、旅籠四十四軒、宿内人数は二千七百五十七人で宿長は加宿堀米宿を含めて東西二十一町二十三間余（約2，333m）であった

天明鋳物の百体観音がある（栃木県重要文化財）

推定樹齢八百年のビャクシンがある（佐野市文化財）

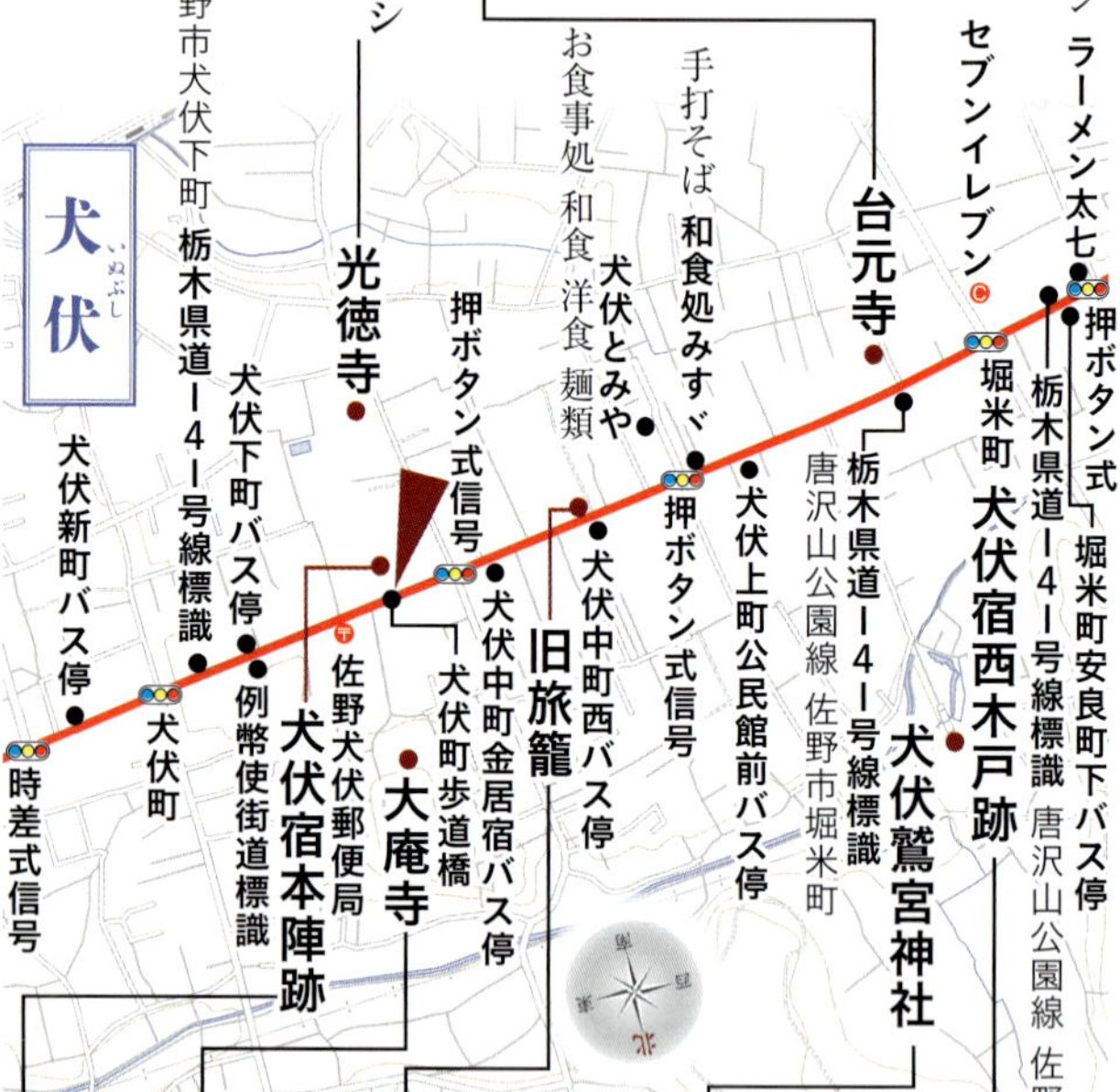

犬伏《いぬぶし》
ラーメン
ラーメン太七
セブンイレブン
押ボタン式
堀米町安良町下バス停
栃木県道141号線標識
唐沢山公園線 佐野市堀米町
堀米町
犬伏宿西木戸跡
台元寺
栃木県道141号線標識
唐沢山公園線 佐野市堀米町
犬伏鷲宮神社
手打そば
和食処みすゞ
犬伏上町公民館前バス停
押ボタン式信号
お食事処 和食 洋食 麺類
犬伏とみや
犬伏中町西バス停
旧旅籠
押ボタン式信号
犬伏中町金居宿バス停
犬伏町歩道橋
大庵寺
光徳寺
佐野犬伏郵便局
犬伏宿本陣跡
例幣使街道標識
犬伏下町バス停
唐沢山公園線 佐野市犬伏下町
栃木県道141号線標識
犬伏町
犬伏新町バス停
時差式信号
0 250 500m

犬伏宿の西口、高札場があった

昔、この地に若い娘を生贄にする風習があった。ある時、山伏が生贄の棺の中に犬を入れると、翌朝犬と大ヒヒが死んでいた。里人はこの犬を鷲宮神社に手厚く葬った。以来この地は「犬伏」と呼ばれた。元禄十六年（1703）造立の狛犬等がある

板橋家住宅。二階建土蔵造りで、犬伏宿町屋の特徴を残している

慶長五年（1600）徳川秀忠が石田三成挙兵の報を聞き「小山評定」に向かう際一泊した。寺領四十石が付与された

現犬伏小学校。岩間家が勤めた

「真田父子別れの地」と呼ばれる。石田三成が挙兵すると真田親子は堂内で密議し、家名存続のため父昌幸と弟信繁（幸村）は西軍に、兄信之（信幸）は東軍にと袂を分けた。薬師堂前に木戸があった、犬伏宿の東口

帆立貝形等の古墳群（栃木県史跡）

ブロック塀の凹内に青面金剛像と庚申塔がある

天保二年（1831）建立「関川氏子中」と刻まれている。御嶽神社の参道口

流末は渡良瀬川に落合う

手打ち中華蕎麦
麺屋工藤
犬伏薬師堂西バス停
新町薬師堂
米山古墳
あけみ寿司
ローソン
唐沢川
関川町西バス停
枝垂れ桜
庚申塔
東北自動車道韮川高架橋
倉賀野方面からはくぐり、スグに左折し、道なりに右折する
永代常夜燈
横断歩道路面標識
楡木方面からは斜め右に入る
三杉川
関川橋
第二佐野街道踏切
JR両毛線を横断する
楡木方面からは斜め右に入る
時差式信号
WISE
石仏石塔
コンクリート小橋
楡木方面からは突当りを左折し、東北自動車道韮川高架橋をくぐる

往時は板橋であった

御嶽神社

中山道例幣使道分間延絵図には「蔵王権現之宮」と記載されている

馬頭観音や地蔵尊がある。ここにあった不動堂は関川町公民館に併設されている

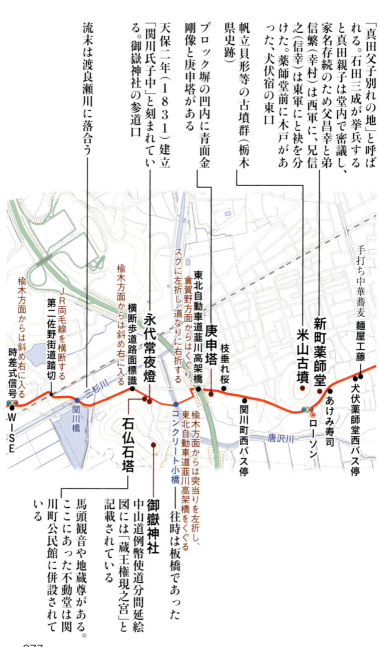

榆木方面からは斜め右に入る
時差式信号
WISE
町谷町
かたくりの里案内標識
押ボタン式信号
佐野市標識
栃木市との境
栃木県道67号線標識
栃木市岩舟町新里
桐生岩舟線
栃木市標識
佐野市との境
栃木県道67号線標識
桐生岩舟線 佐野市町谷町
岩船地蔵道
下津原
ローソン
浪崎 手打そば
0 250 500m

三毳《みかも》山

標高229m、山容の美しさから万葉集に詠まれている。北麓に下野国分寺の瓦を焼いた「瓦窯跡」遺跡がある

誕生寺

円仁「産湯の井」がある。延暦十三年（794）壬生氏の子として生まれ、長じて当代一の学僧といわれた。貞観八年（866）朝廷より日本初の大師号を賜り「慈覚大師」と称した

慈覺大師誕生霊蹟地道道標

大正元年（1912）建立

三鴨神社

万葉自然公園かたくりの里

カタクリの群落（佐野市天然記念物）や万葉歌碑「下毛野みかもの山の小楢《こなら》のすまぐわし児ろは誰が笥《け》か持たむ」（下野の三毳山に生えているコナラの木のように、可愛い娘はいったい誰の妻になるのだろう）がある

町谷追分地蔵堂

地蔵尊道標「右 日光道 左 いわ舟道 日光似ぬける道」が安置されている。子育にご利益があり、毎年八月二十四日「地蔵盆」が行われる。堂脇に道標「右 日光是より十五里 左 いわふねみち二十丁」がある

岩船地蔵道：子育子授の岩船地蔵で知られる高勝寺に至る

馬頭観音

新設の馬頭観世音

享保三年（1718）創建、祭神は事代主神《ことしろぬしのかみ》。商売繁盛、厄除開運にご利益がある

「右 佐野町道 左 栃木町道」

馬頭観世音

ブロック塀の内側にある

猿田彦大神碑
下津原公民館入口バス停
JAしもつけ岩舟センター前バス停
下津原警察官駐在所
下津原道標
馬頭観音
猿田彦大神碑
倉賀野方面からは斜め左に入る
琵琶橋
セブンイレブン
ヤオハン岩舟店前バス停
蓮花川
星宮神社
らーめん もつ 餃子 みさと
岩舟総合支所前
楡木方面からは斜め右に入る
料理茶屋 あづま
ファミリーマート
JR岩舟駅入口
恵生院
岩船地蔵道

岩船山、馬不入山《うまいらずさん》に源を発し、流末は渡良瀬川に落合う

大永年間（1521〜28）創建。文政七年（1824）建立の常夜燈がある

日光山を開山した勝道上人の創建。高勝寺に匹敵する寺院であった

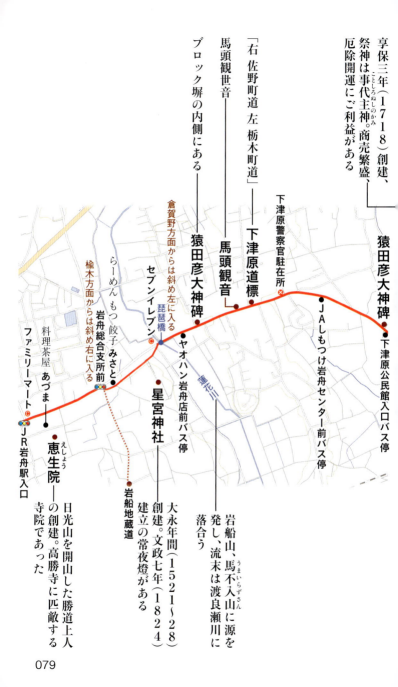

享和三年（1803）建立の庚申猿田彦大神碑等がある

茂呂宿村の鎮守。茂呂宿村は「間の宿」で、安政二年（1855）村内家数四十二軒の内八軒が旅籠であった

桐生岩舟線 栃木市岩舟町静
栃木県道67号線標識
ファミリーマート
JR岩舟駅入口
岩舟道標
恵生《えしょう》院
フジマート岩舟店前バス停
倉賀野方面からは斜め左に入る
浅間神社
定食 そば うどん
久松食堂
読売新聞
栃木方面からは斜め右に入る
セブンイレブン
好蘭 中華料理
倉賀野方面からは斜め左に入る
三毳興産
栃木方面からは斜め右に入る
橋本腎内科クリニック前バス停
稲荷神社
押ボタン式信号
橋本腎内科クリニック
宝泉寺跡
倉賀野方面からは左折する
栃木方面からは右折する
和泉
ふじや
岩舟静和《しずわ》郵便局
岩舟静和郵便局北バス停
0
250
500m

昭和二年（1927）御大典記念に青年団駒場支部が建立「右 岩舟停車場鷲巣《わしのす》 犬伏佐野方面 栃木小山方面」

廃仏毀釈により廃寺となり、観音堂と石仏石塔を残している。和泉の地名はこの宝泉寺に由来する

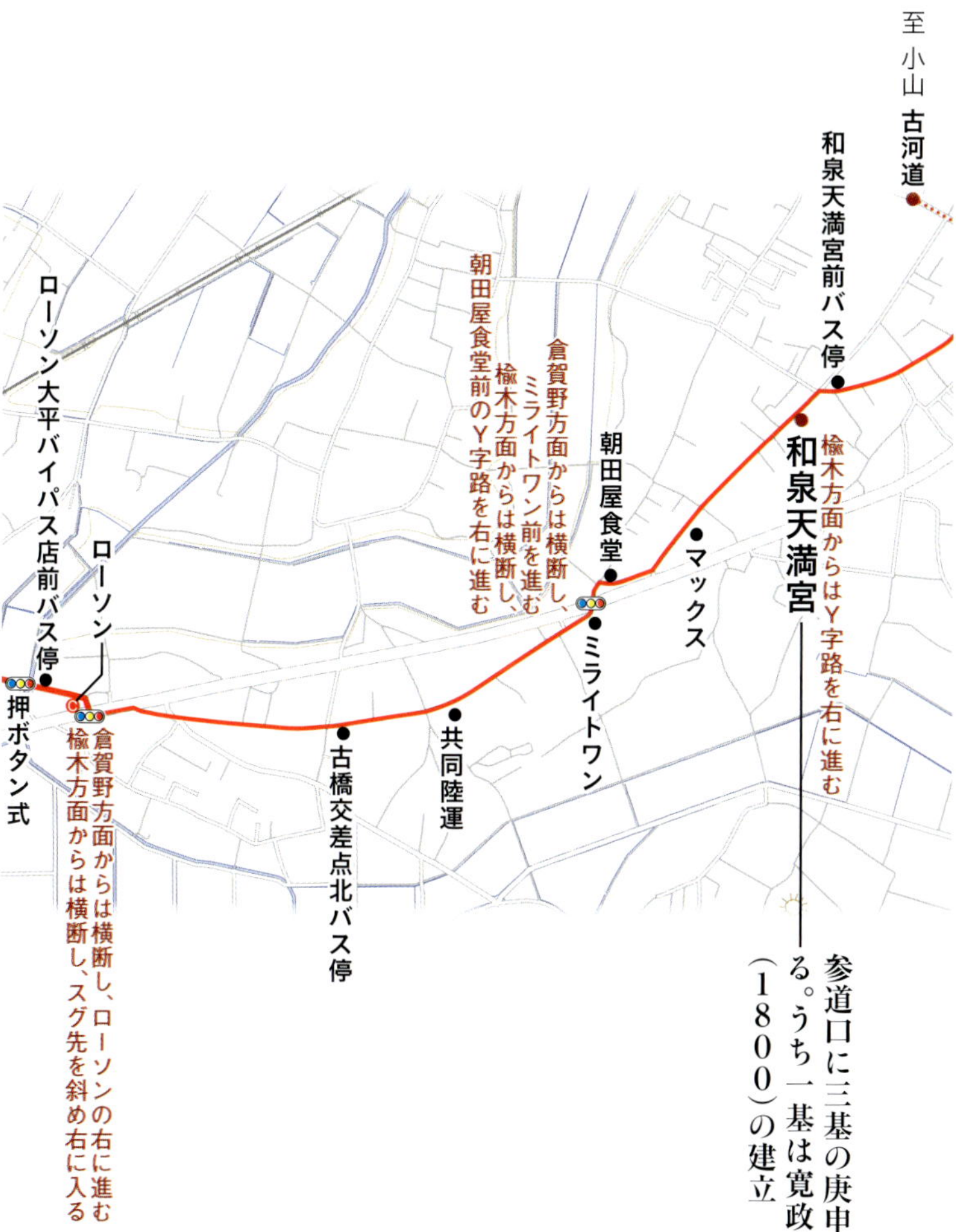
至小山
古河道
和泉天満宮前バス停
楡木方面からはY字路を右に進む
和泉天満宮
倉賀野方面からは横断し、ミライトワン前を進む
楡木方面からは横断し、朝田屋食堂前のY字路を右に進む
朝田屋食堂
マックス
ミライトワン
共同陸運
古橋交差点北バス停
ローソン大平バイパス店前バス停
ローソン
押ボタン式
倉賀野方面からは横断し、ローソンの右に進む
楡木方面からは横断し、スグ先を斜め右に入る

参道口に三基の庚申塔がある。うち一基は寛政十二年（1800）の建立

富田

犬伏 10.8km 二里二十七町

栃木 5.9km 一里三十町

エリア＝栃木県栃木市大平町富田
最寄り駅＝大平下駅 JR両毛線／新大平下駅 東武鉄道日光線

【宿泊】
藤や旅館（新大平下駅近）☎0282(43)4298

【富田宿】

正保三年（1646）宿駅となり、富田《とんだ》女郎衆で知られ賑わった。天保十四年（1843）の例幣使道宿村大概帳によると宿内家数は二百四十八軒、うち本陣一、問屋二、旅籠二十八軒（大七、中八、小十三）、宿内人数は八百四十八人で宿長は南北十二町十二間（約1,331m）であった

覆屋内に嘉永二年（1849）建立の十九夜塔がある

民家の庭内に石祠と昭和七年（1932）建立の馬頭観世音がある

万延元年（1860）建立の庚申塔がある。この辺りに南木戸があった、富田宿の南口

富田第四自治会公民館に併設され、「天満宮」「下町産子《うぶご》」石燈籠がある

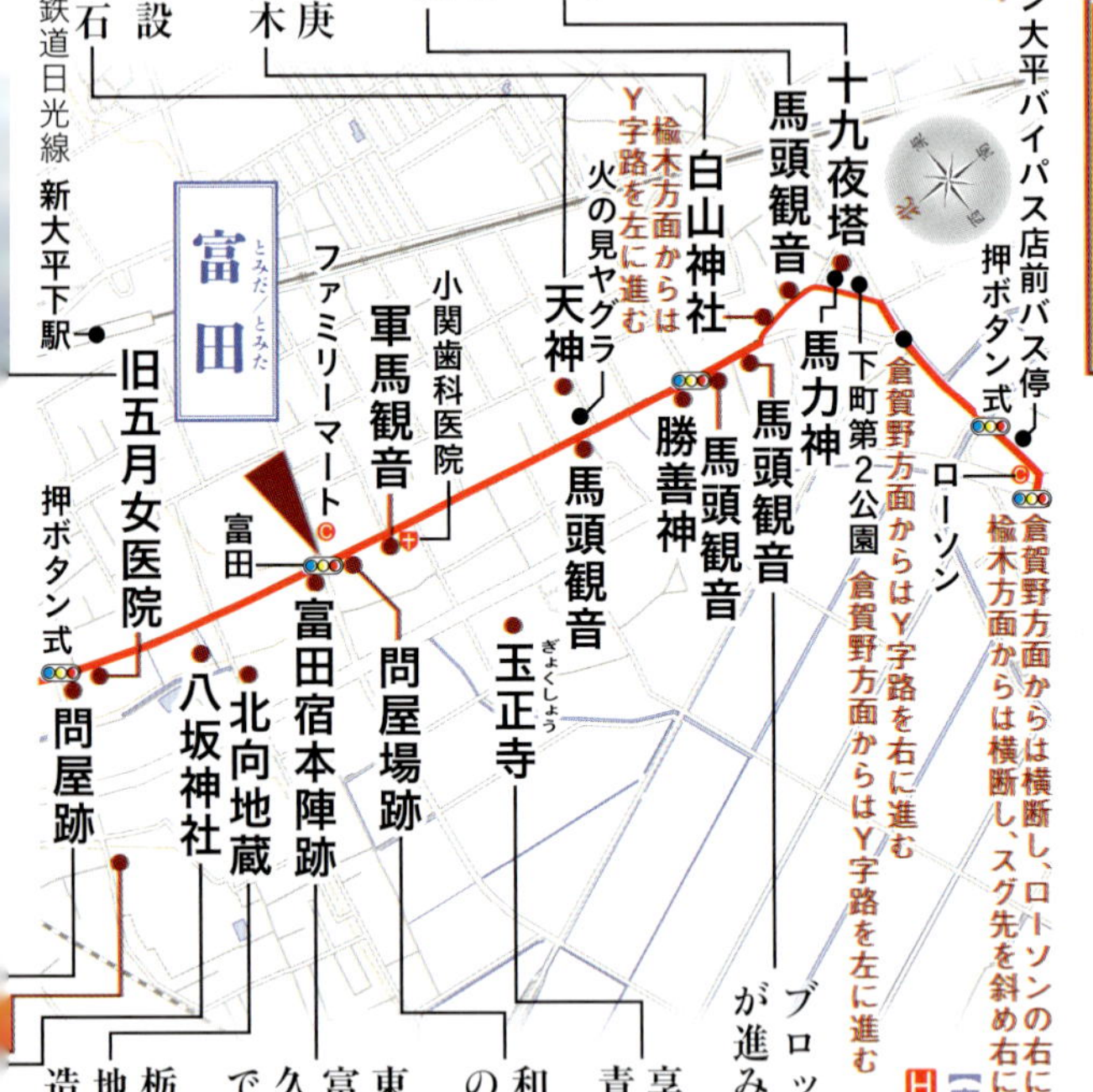
ローソン大平バイパス店前バス停
押ボタン式
ローソン
倉賀野方面からは横断し、ローソンの右に進む
楡木方面からは横断し、スグ先を斜め右に入る
十九夜塔
馬頭観音
馬力神
下町第2公園
倉賀野方面からはY字路を右に進む
倉賀野方面からはY字路を左に進む
馬頭観音
白山神社
楡木方面からはY字路を左に進む
火の見ヤグラ
天神
勝善神
馬頭観音
馬頭観音
小関歯科医院
軍馬観音
ファミリーマート
富田
富田宿本陣跡
問屋場跡
玉正寺《ぎょくしょう》
富田《とみだ／とみた》
東武鉄道日光線
新大平下駅
旧五月女医院
押ボタン式
問屋跡
八坂神社
北向地蔵
0
250
500m

ブロック塀の凹内にある。風化が進み判読不明になっている

享保三年（1718）造立の青面金剛像庚申塔等がある

和久井家が勤め、屋号を「松の屋」と称した

東屋脇に「日光例幣使街道 富田宿本陣跡」碑がある。和久井家が勤め、建坪百二坪であった

栃木市大平西地区公民館敷地内に延宝七年（1679）造立の陽刻地蔵立像がある

明治三十四年（１９０１）築

藤原秀郷の創建。徳川幕府より朱印十石を拝領した

松本家住宅。屋号「松本屋」と称した。町屋建築を残している

覆屋内に明和五年（１７６８）造立の如意輪観音像等がある

本殿は神明造檜皮葺で富田宿上町の氏神。享保元年（１７１６）造立の青面金剛像庚申塔等がある

【富田城】富田氏代々の居城であったが、弘治三年（1557）信吉の時、皆川俊宗の攻めにより落城し、皆川氏の所領となった。慶長十八年（1613）北条氏重が一万石で入封し富田藩を立藩し、城跡に陣屋が置かれた。元和五年（1619）氏重は遠江久野に転封となり廃藩となった

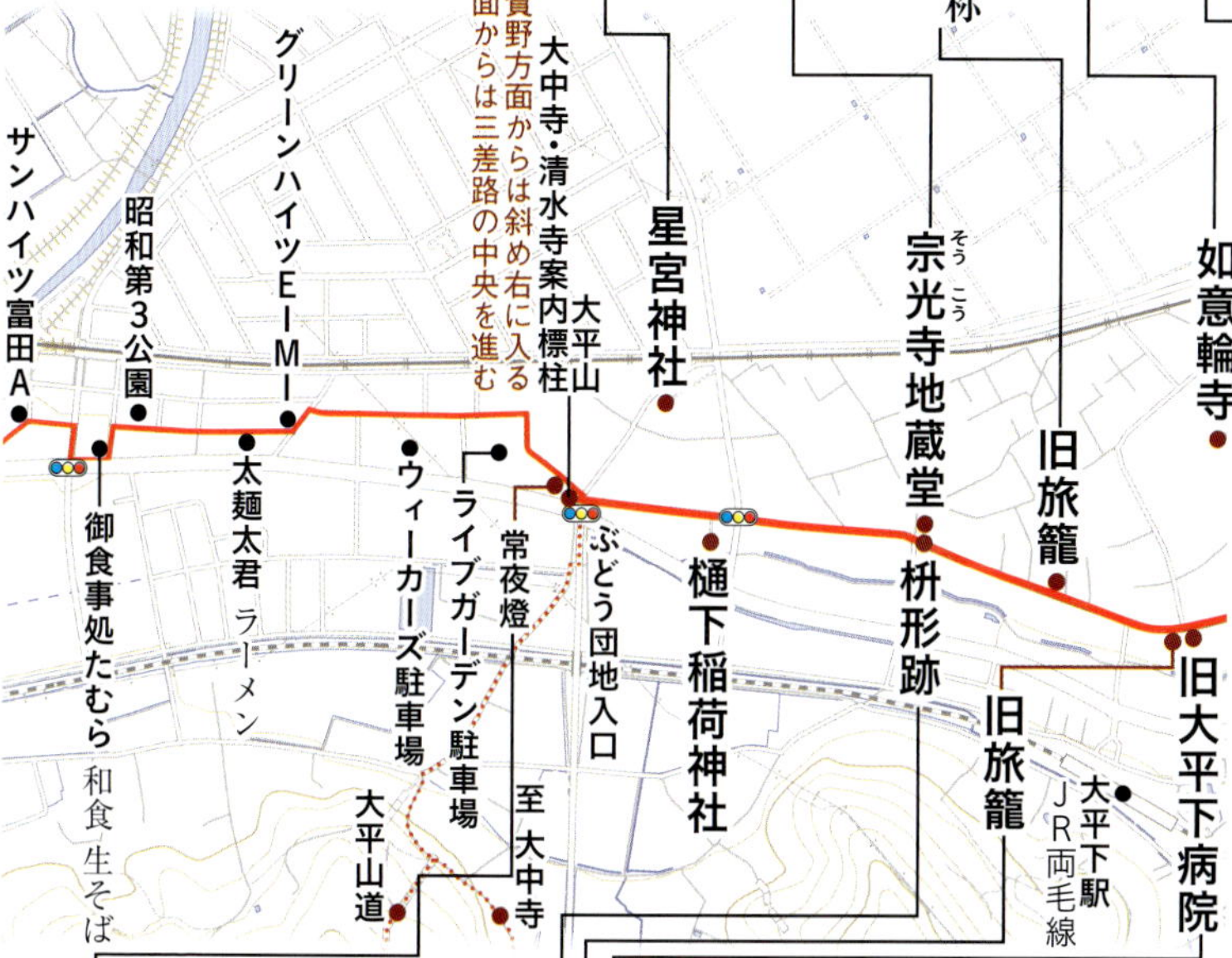

如意輪寺
旧旅籠
宗《そう》光《こう》寺地蔵堂
星宮神社
大平山
大中寺・清水寺案内標柱
倉賀野方面からは斜め右に入る
楡木方面からは三差路の中央を進む
グリーンハイツE-M-I
昭和第3公園
サンハイツ富田A
御食事処たむら 和食 生そば
太麺太君 ラーメン
ウィーカーズ駐車場
ライブガーデン駐車場
常夜燈
ぶどう団地入口
樋下稲荷神社
枡形跡
旧旅籠
旧大平下病院
大平下駅
JR両毛線
至 大中寺
大平山道

富田城内に鬼門の守護神として鎮座し、寛永十七年（１６４０）現在地に遷座された

富田城址
大平西小学校に「富田城跡」碑がある。嘉吉元年（１４４１）富田成忠が築城

福島家が勤めた。廃屋になっている

洋館木造建築で、大正十一年（１９２２）開業

松本家住宅。屋号「トマリヤ」と称した。推定樹齢三百年のモチノキがある

地蔵堂前に痕跡を残している。木戸があり、富田宿の北口であった

上部が欠落した文政二年（１８１９）建立の常夜燈

「大平山、日光山、郷神社」、狛犬、大日如来碑がある

尾出山に源を発し、流末は巴波川《うずまがわ》に落合う

「大平町史跡川連城跡」碑がある。並びに青面金剛像庚申塔等がある

常は徒歩渡り、冬は仮橋が架橋された

川連城址の裏鬼門に鎮座している。寛政七年（1795）建立の庚申塔道標「右 こが 向 さの 左 日光」がある

【川連《かわつれ》城】

応仁年間（1467〜69）川連仲利が築城し、永禄六年（1563）皆川氏に奪取された。皆川氏は秀吉の小田原攻めに際し、北条方に与したため、秀吉の攻めにより落城し、廃城となった

【栃木城】

天正十九年（１５９１）皆川広照によって築城された。慶長十四年（１６０９）広照は改易になり廃城となった。その後、城跡に足利藩の陣屋が置かれた

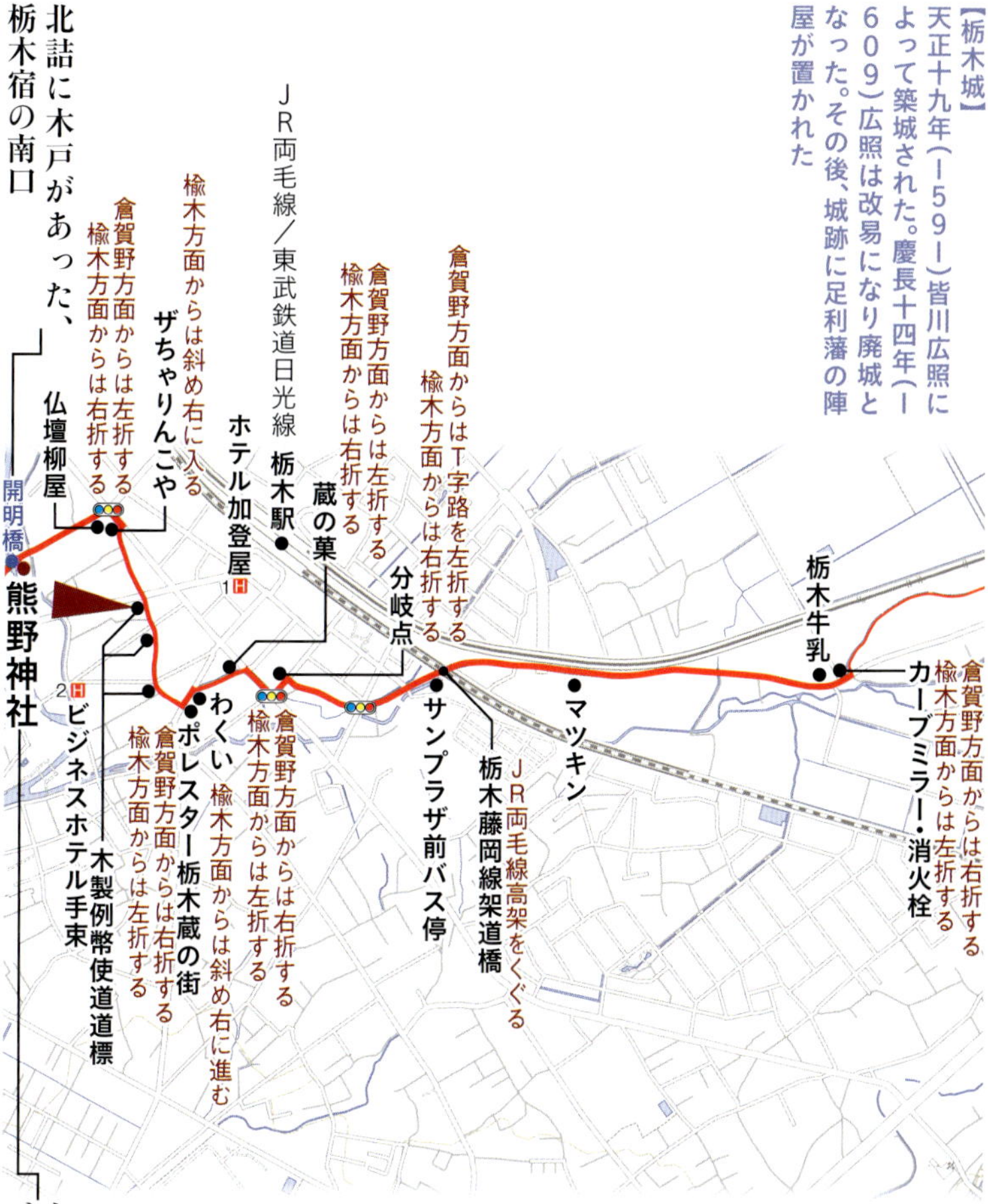

カーブミラー・消火栓
倉賀野方面からは右折する
楡木方面からは左折する
栃木牛乳
マツキン
倉賀野方面からはT字路を左折する
楡木方面からは右折する
分岐点
JR両毛線高架をくぐる
栃木藤岡線架道橋
サンプラザ前バス停
倉賀野方面からは左折する
楡木方面からは右折する
蔵の菓
倉賀野方面からは右折する
楡木方面からは左折する
栃木駅
JR両毛線／東武鉄道日光線
ホテル加登屋
1
わくい
楡木方面からは斜め右に進む
ポレスター栃木蔵の街
倉賀野方面からは右折する
楡木方面からは左折する
楡木方面からは斜め右に入る
ザちゃりんこや
倉賀野方面からは左折する
楡木方面からは右折する
木製例幣使道道標
2
ビジネスホテル手束
仏壇柳屋
北詰に木戸があった、栃木宿の南口
開明橋
熊野神社
青面金剛像庚申塔や地蔵尊等がある

【栃木宿焼討事件】

元治元年（１８６４）、尊皇攘夷を旗印に水戸天狗勢（党）が筑波山で挙兵した。この中に農民や博徒を従えた田中愿蔵《げんぞう》がいた。愿蔵は若くして粗暴な振る舞いが目に余り、幹部から疎んじられていた。そこで愿蔵は多額な軍資金を上納すれば存在が顕示できると盲信し、目に付けたのが栃木宿であった。栃木宿は巴波川の舟運で栄えた商都であった。愿蔵は宿並みに薪を積み上げ、油を注ぎ、軍資金三万両の供与を商人達に強請した。しかし返答の引き伸ばしに業を煮やし、ついに火を放し、二百三十七戸が焼失した。後に愿蔵は捕縛され斬首となった

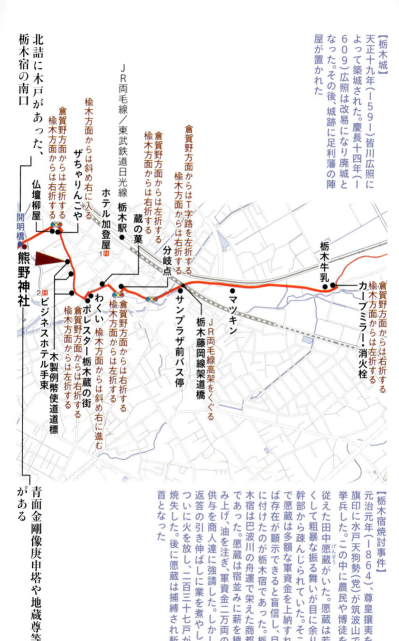

栃木

富田 5.9km 一里三十町 → 栃木 → 4.0km 三十三町 合戦場

エリア＝栃木県栃木市倭町
最寄り駅＝栃木駅 JR両毛線 東武鉄道日光線

【栃木宿】

巴波川の舟運による市場町として発展し、大いに繁栄した。天保十四年（1843）の例幣使道宿村大概帳によると宿内家数は千三十軒、うち本陣一、問屋一、旅籠七軒(中二、小五)、宿内人数は三千九百九十九人で宿長は南北八町五十四間(約971m)であった

白地沼に源を発し、流末は渡良瀬川に落合う

皆川広照が川連の阿弥陀堂を移し、定願寺とした

三棟は登録有形文化財

栃木町道路元標がある

弘長二年（1262）開創。徳川家康より朱印地五石を拝領した

五十畑荒物店店舗

応永十年（1403）創建。栃木の総鎮守

中田家住宅店舗

脇本陣の役割を担った。文豪山本有三の墓がある

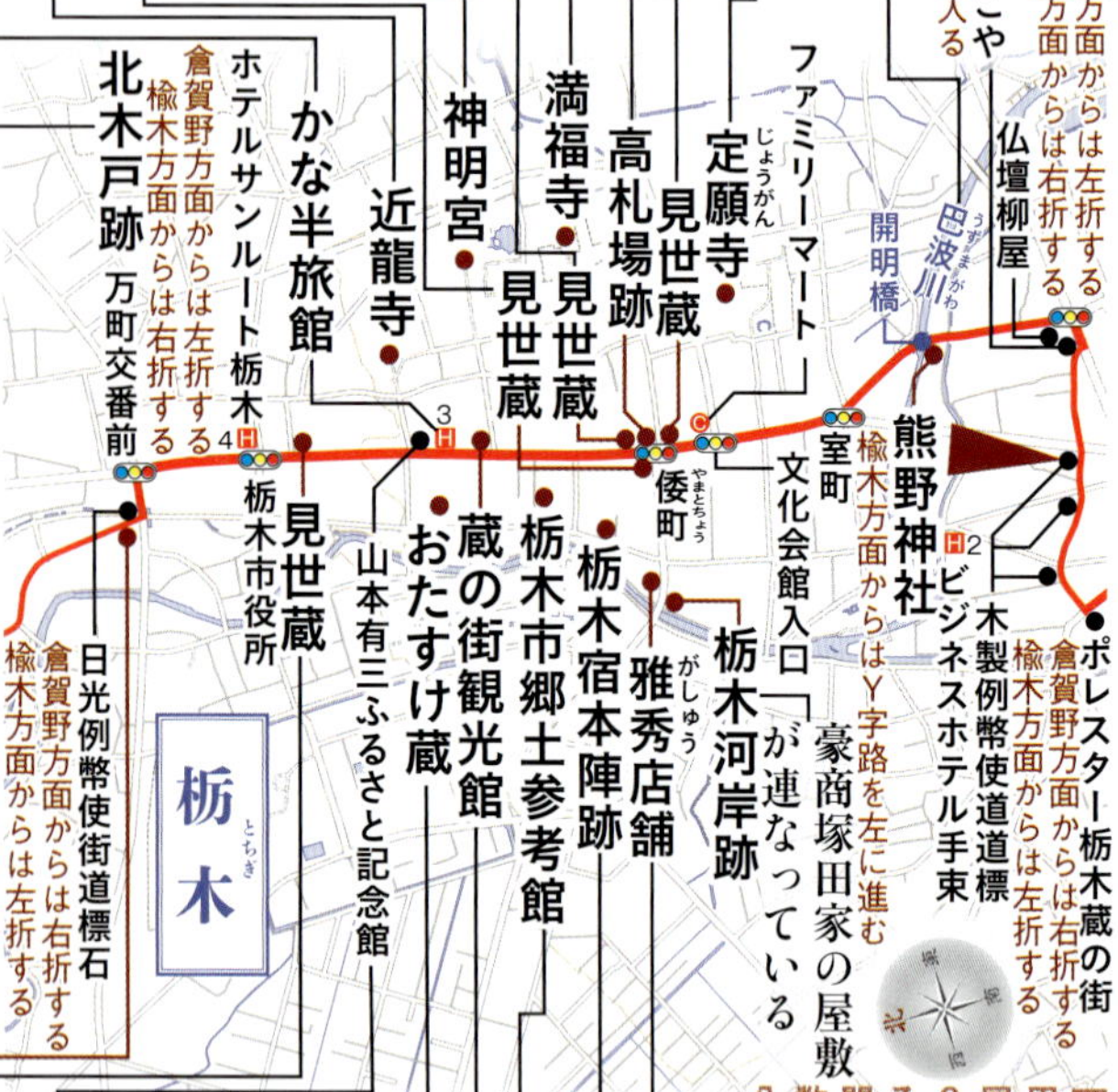

楡木方面からは斜め右に入る
ザちゃりんこや
倉賀野方面からは左折する
楡木方面からは右折する
仏壇柳屋
巴波川《うずまがわ》
開明橋
ファミリーマート
定願寺《じょうがん》
見世蔵
高札場跡
満福寺
見世蔵
神明宮
見世蔵
近龍寺
かな半旅館
ホテルサンルート栃木
倉賀野方面からは左折する
楡木方面からは右折する
北木戸跡
万町交番前
室町
倭町《やまとちょう》
文化会館入口
熊野神社
ビジネスホテル手束
木製例幣使道道標
ポレスター栃木蔵の街
倉賀野方面からは右折する
楡木方面からは左折する
楡木方面からはY字路を左に進む
豪商塚田家の屋敷が連なっている
栃木河岸跡
雅秀《がしゅう》店舗
栃木宿本陣跡
栃木市郷土参考館
蔵の街観光館
おたすけ蔵
山本有三ふるさと記念館
見世蔵
栃木市役所
日光例幣使街道標石
倉賀野方面からは右折する
楡木方面からは左折する
栃木《とちぎ》

明治時代後期築の見世蔵（登録有形文化財）

長谷川家が勤めた。建坪百二十五坪で、宿並から巴波川べりまでが敷地であった

質商であった板倉家の主屋と土蔵

荒物麻苧《あさお》問屋田村家の見世蔵

窮民救済のために建築された善野家土蔵三棟

栃木市出身の山本有三は「路傍の石」で知られる文豪

0 250 500m

創業安永年間（1772〜81）の商人宿

栃木宿の北口

嘉右衛門新田を開発し、代々嘉右衛門を襲名し、名主を勤めた

嘉右衛門新田に勧請された

明治十五年（1882）築の見世蔵（登録有形文化財）

慶長年間（1596〜615）天海僧正が常陸阿波の今宮大杉大神の分霊を勧請した

【宿泊】

H1 ホテル加登屋（P85）☎0282(22)0324

H2 ビジネスホテル手束 ☎0282(22)0903

H3 かな半旅館 ☎0282(22)0108

H4 ホテルサンルート栃木 ☎0282(24)5858

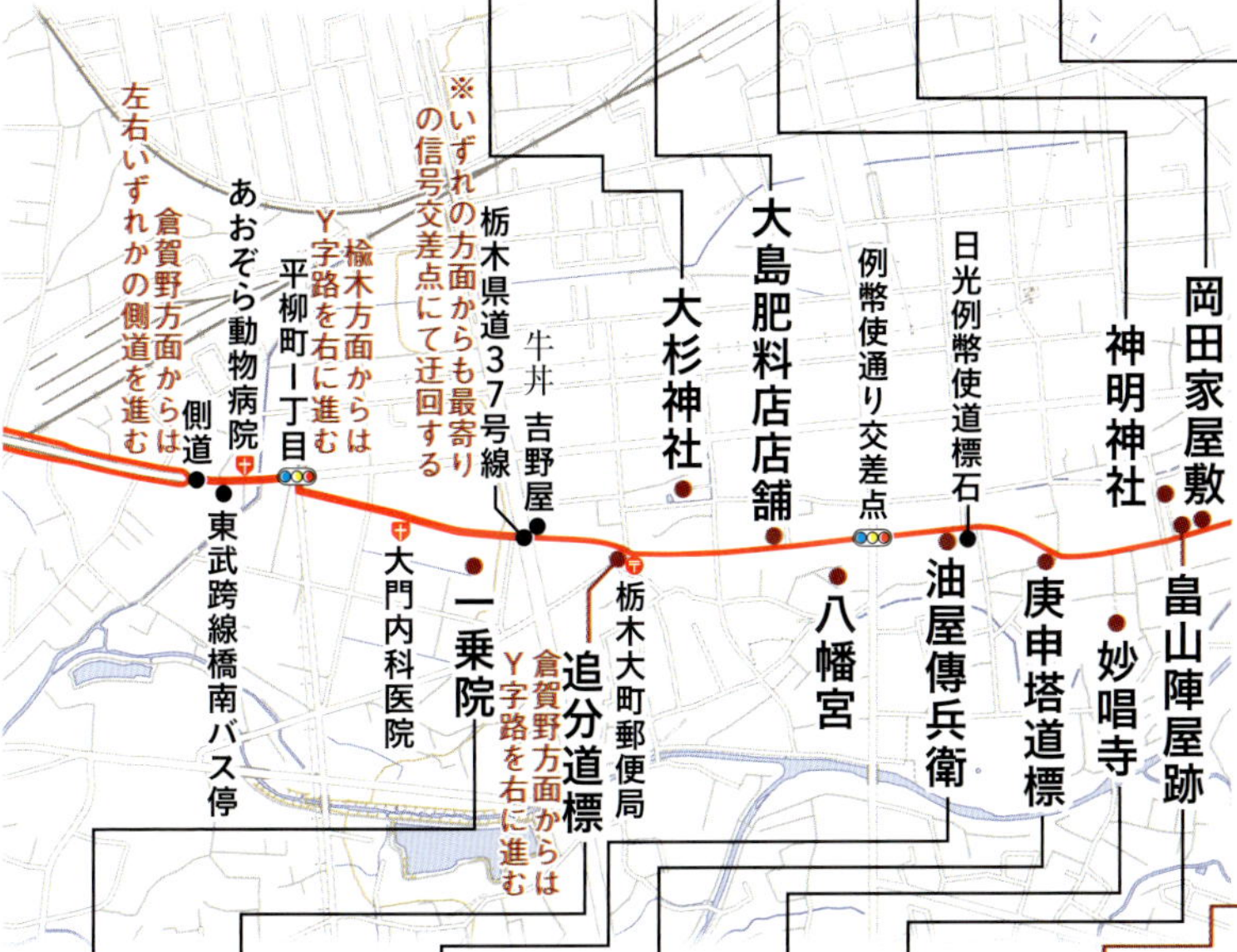
岡田家屋敷
神明神社
日光例幣使道標石
例幣使通り交差点
大島肥料店店舗
大杉神社
※いずれの方面からも最寄りの信号交差点にて迂回する
栃木県道37号線
牛丼 吉野屋
楡木方面からはY字路を右に進む
平柳町一丁目
あおぞら動物病院
倉賀野方面からは左右いずれかの側道を進む
側道
東武跨線橋南バス停
大門内科医院
一乗院
倉賀野方面からはY字路を右に進む
追分道標
栃木大町郵便局
八幡宮
油屋傳兵衛
庚申塔道標
妙唱寺
畠山陣屋跡

文久元年（1861）築。現下野新聞社栃木支店

舘野家住宅 昭和七年（1932）築（登録有形文化財）

岡田家は旗本畠山氏の代官職を勤め、知行地十一ケ村を治めた

本堂の曼荼羅は一橋公の寄進といわれる

寛政十二年（1800）建立「右 日光おざく道 左 三日月道」

創業天明年間（1781〜89）の元油商。建物は明治十年代築（登録有形文化財）。幕末に味噌醸造を始め、現在は名物「味噌田楽あぶでん」の老舗

新設例幣使街道道標「右 日光道 左 足尾道」

戊辰戦役の折り、日光から敵情偵察に来て、農民に惨殺された会津藩士柴謙介と江花七之助の墓がある

栃木
4.0km
三十三町

合戦場

7.2km
一里三十町
金崎

エリア=栃木県栃木市都賀町合戦場
最寄り駅=合戦場駅 東武鉄道日光線

【合戦場宿】

地名は大永三年(1523)宇都宮忠綱軍と皆川城主皆川宗成軍がこの地で激突し、皆川方が勝利を収めた「河原田合戦」に由来する。天保十四年(1843)の例幣使道宿村大概帳によると宿内家数は百五軒、うち本陣一、脇本陣一、問屋二、旅籠二十五軒(大四、中七、小十四)、宿内人数は四百四十四人で宿長は南北六町二十三間余(約696m)であった

明治三十年(1897)建立

「日光例幣使街道 合戦場宿」碑がある

小平浪平生家
日立製作所創業者の生家

秋田家が勤めた。建坪八十四坪で高札場があった

栃木市名物じゃがいも入り焼きそば

合戦場《かっせんば》
楡木方面からは左右いずれかの側道を進む
東武日光線を越える
跨線橋歩道
側道
馬力神
馬力神
軍馬霊碑
遊郭跡
セブンイレブン
合戦場
合戦場郵便局
合戦場宿本陣跡
合戦場不動尊
合戦場駅東
合戦場駅
東武鉄道日光線
不二屋前バス停
旬鮮めん処 不二屋
傍示杭
合戦場宿脇本陣跡
合戦場小学校
雷電神社
合戦場小西
庚申塔
櫻井支店
合戦場北バス停

ひるた仏具店駐車場内にある

明治の世になると旧宿場の飯盛を集め遊郭が形成された。昭和三十三年(1958)売春防止法の施行により終焉を迎えた

旧合戦場公民館に併設されている。弘化四年(1847)建立の十九夜供養塔等がある

0 250 500m

昭和十二年（1937）建立

川原田合戦後、皆川成勝が戦死者を弔う方形三段の塚を築いた。塚脇には薬師堂、地蔵堂、石仏石塔群がある

女人講中が建立した十九夜塔や石仏石塔群がある

墓地隅の覆屋内に地蔵立像がある

細井城の出城であった來宮田左衛門尉館跡。細井城の城主細井光明は小山氏一族で永禄三年（1560）壬生義雄に滅ぼされ、細井城は廃城となった

馬頭観世音
六基子育延命地蔵尊
千手観音塔
升塚
升塚バス停
升塚
宇都宮亀和田栃木線 栃木市都賀町家中
栃木県道3号線標識
下新田標識
愛宕神社
倉賀野方面からは斜め右に入る
楡木方面からは斜め左に入る
延命地蔵堂
緑色瓦住宅
コメリ
食堂つるみ カツ丼
地蔵尊
船正 そば 各種定食
要害館跡碑
都賀中央医院入口バス停
栃木県道3号線標識
宇都宮亀和田栃木線 栃木市都賀町家中

傍示杭「従是南関宿領」升塚村との境にあった。明和三年（1766）合戦場は関宿領となった

若林家が勤めた

並びに大先祖中島霊神碑がある

地蔵堂内に一石六地蔵尊、石祠、二十三夜塔がある

応永十五年（1408）創建、升塚村の鎮守。二荒山碑、馬力神等がある

【十九夜信仰】旧暦十九日の夜に女達が集まり、飲食を共にし、経を唱えて月を拝む。悪霊を追い払う宗教行事であり、娯楽でもあった

墓地隅の覆屋内に地蔵立像がある

細井城の出城であった來宮田左衛門尉館跡。細井城の城主細井光明は小山氏一族で永禄三年（1560）壬生義雄に滅ぼされ、細井城は廃城となった

家中村は用水の便が悪く畑作のみであった。安政二年（1855）壬生藩士桑原雄介が陣頭指揮をとり、文久二年（1862）思川から取水する用水掘を完成させた。しかし従事した農民にとっては苦役であり、竣工の翌年に村方騒動が起きた

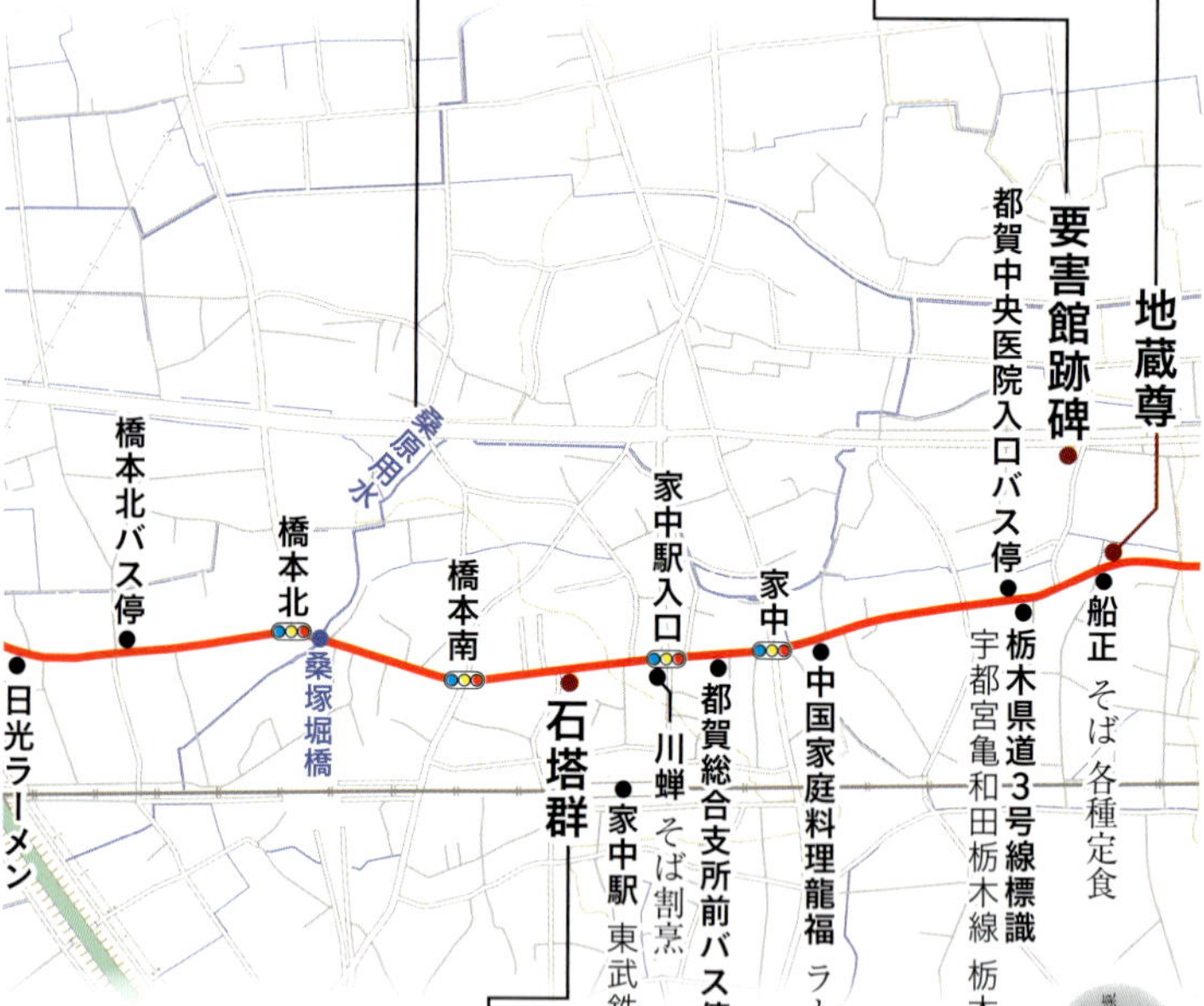
地蔵尊
要害館跡碑
都賀中央医院入口バス停
船正 そば 各種定食
栃木県道3号線標識 宇都宮亀和田栃木線 栃木市都賀町家中
中国家庭料理龍福 ラーメン 餃子 定食
家中
都賀総合支所前バス停
家中駅入口
川蝉 そば 割烹
家中駅 東武鉄道日光線
石塔群
橋本南
桑原用水
橋本北
桑塚堀橋
橋本北バス停
日光ラーメン
北
東
南
西
0
250
500m

墓地内に庚申塔、十九夜供養塔等がある

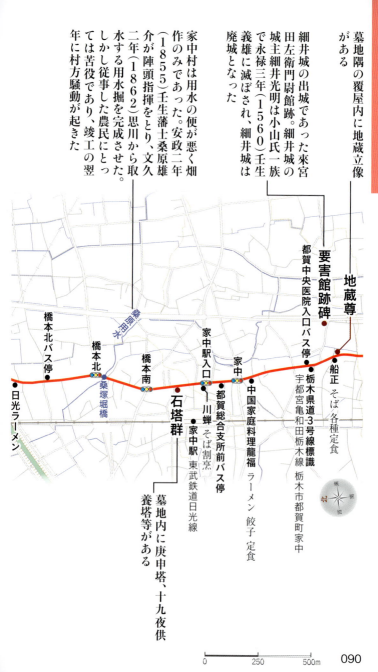

桑原用水誌碑、桑原用水梗概《こうがい》碑等がある

文化十年（1813）安全と豊作を祈願し創建された。境内には観音経誦読《しょうどく》碑がある

水神社
セブンイレブン
上新田交差点バス停
豊年神社
上新田
松しま前バス停
くぐる
北関東自動車道高架
さかえ
大衆食堂
上新田北バス停
オータニ西方店前バス停
石仏石塔群
猿田彦神社
神明神社

【猿田彦大神】猿田彦大神は天孫降臨の際、高天原の神々を地上へ導いたところから「道開きの神」「道中安全の神」として篤く信仰されている

天明六年（1786）再建。元文四年（1739）建立の宝篋印塔等がある

女人講中による嘉永二年（1849）建立の十九夜搭等がある

現在も「秋の天祭」が氏子によって催されている。天災除け、豊作を祈願する神仏混交の神事で「天念仏」とも呼ばれる

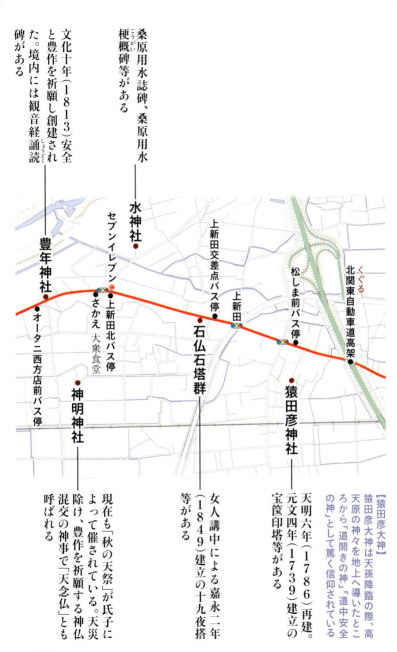

文化十年（1813）安全と豊作を祈願し創建された。境内には観音経誦読《しょうどく》碑がある

文化十二年（1815）讃岐金毘羅大権現を勧請し、和久井村の鎮守とした。万延元年（1860）建立の庚申塔等がある

豊年神社
栃木消防署西方分署
西方南グラウンド入口バス停
琴平神社
押ボタン式
金井北バス停
馬力神
重要文化財鉄造薬師如来坐像入口寺標
薬師堂
大益
お食事
オータニ西方店前バス停
北
東
南
西
0
250
500m

薬師堂内に建治三年（1277）鋳造の天明鋳物薬師如来坐像がある

合戦場

7.2km 一里三十町

金崎

4.5km 一里八町

楡木追分

エリア＝栃木県栃木市西方町金崎
最寄り駅＝東武金崎駅 東武鉄道日光線

【金崎宿】

「此宿両側家並にて、其余は田畑、山林等、此宿市立なし」といわれ、小宿であった。天保十四年(1843)の例幣使道宿村大概帳によると宿内家数は八十六軒、うち本陣一、問屋一、旅籠十二軒(大五、中二、小五)、宿内人数は三百八十人で宿長は南北五町三十間(約600m)であった

この辺りが金崎宿の南口

足尾山地地蔵岳に源を発し、流末は姿川に落合う。栃木市と鹿沼市の境

この辺りが金崎宿の北口

亀和田村河原坪の氏神。安永二年(1773)建立の巳待《みまち》供養塔等がある

倉賀野方面からは国道を横断し、車止めの草道に入る
楡木方面からは国道を横断し、小倉橋を渡る

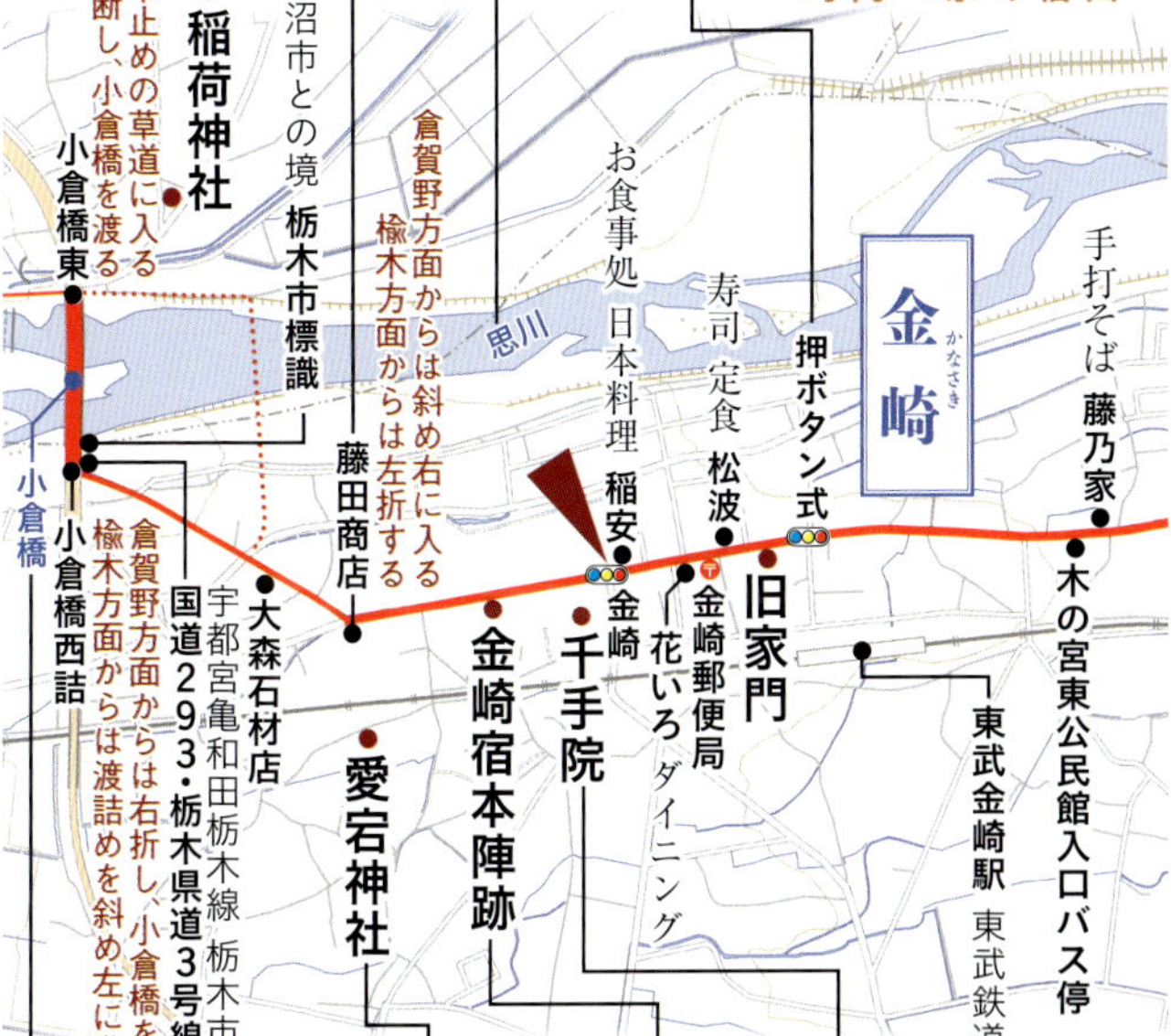

金崎《かなさき》
手打そば 藤乃家
押ボタン式
寿司 定食 松波
お食事処 日本料理 稲安
思川
金崎
旧家門
金崎郵便局
花いろダイニング
千手院
金崎宿本陣跡
木の宮東公民館入口バス停
東武金崎駅 東武鉄道日光線
愛宕神社
藤田商店
倉賀野方面からは斜め右に入る
楡木方面からは左折する
鹿沼市との境 栃木市標識
稲荷神社
大森石材店
国道293・栃木県道3号線標識
宇都宮亀和田栃木線 栃木市西方町金崎
倉賀野方面からは右折し、小倉橋を渡る
楡木方面からは渡詰めを斜め左に進む
小倉橋東
小倉橋
小倉橋西詰

慶長年間(1596~615)創建で、愛宕神社の別当寺であった

古澤家が勤めた。建坪三十三坪で、本陣門を残している

西方藩主藤田信吉が慶長十八年(1613)金崎宿の鬼門に鎮座させた。東武鉄道金崎駅前交差点辺りにあった傍示杭「従是北宇都宮領」がある

五~八月は徒歩渡り、九~翌年四月迄は仮土橋が架橋された

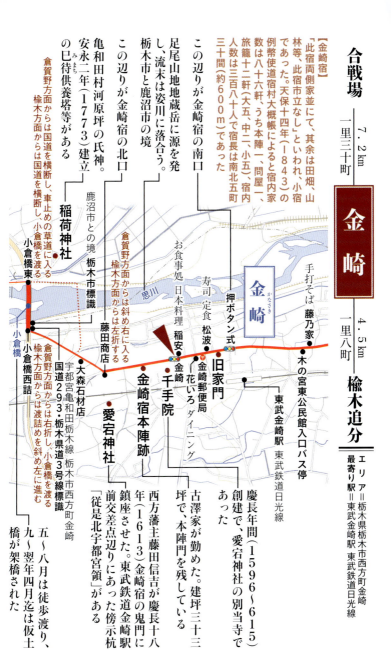

足尾山地地蔵岳に源を発し、流末は姿川に落合う。栃木市と鹿沼市の境

亀和田村河原坪の氏神。安永二年（1773）建立の巳待《みまち》供養塔等がある

洪水に備え、石積上に鎮座している。「竣功之碑」や「災害復旧事業之碑」がある

亀和田村の鎮守。磐（岩）を裂き、根を裂く開墾農耕の守護神を祀っている。例幣使は参拝を常とし、幣帛を奉納した。街道沿いには十九夜塔等がある

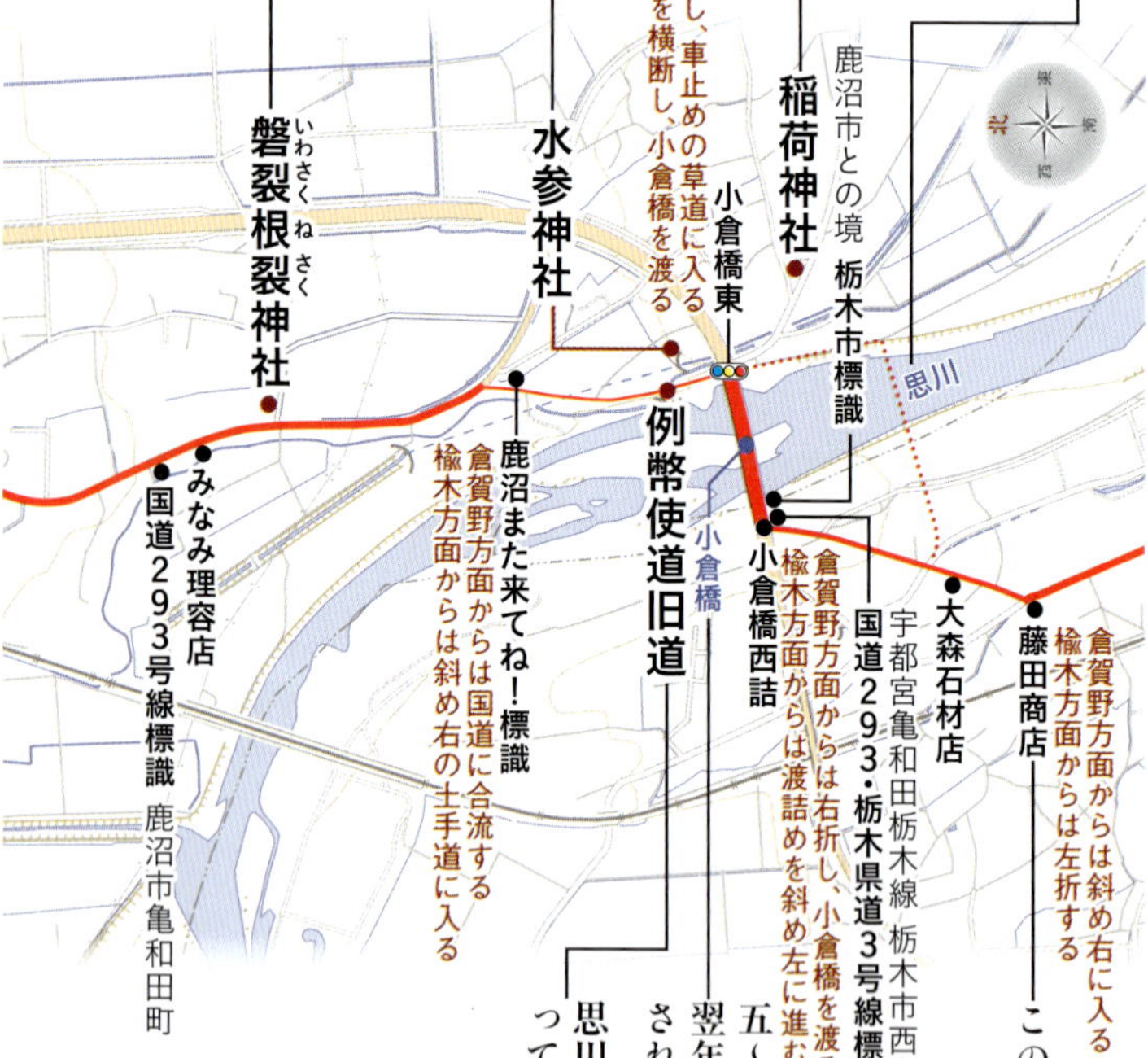
倉賀野方面からは国道を横断し、車止めの草道に入る
楡木方面からは国道を横断し、小倉橋を渡る
稲荷神社
鹿沼市との境　栃木市標識
水参神社
磐裂根裂神社《いわさくねさく》
小倉橋東
思川
小倉橋
小倉橋西詰
例幣使道旧道
鹿沼また来てね！標識
倉賀野方面からは国道に合流する
楡木方面からは斜め右の土手道に入る
みなみ理容店
国道293号線標識　鹿沼市亀和田町
倉賀野方面からは右折し、小倉橋を渡る
楡木方面からは渡詰めを斜め左に進む
国道293・栃木県道3号線標識
宇都宮亀和田栃木線　栃木市西方町金崎
大森石材店
藤田商店
倉賀野方面からは斜め右に入る
楡木方面からは左折する
北
0
250
500m

この辺りが金崎宿の北口

五～八月は徒歩渡り、九～翌年四月迄は仮土橋が架橋された

思川側の土手は桜並木になっている

【西方藩《にしかた》】藩祖藤田信吉は武田勝頼の家臣であったが、武田家が滅亡すると越後の上杉景勝に仕えた。関ケ原の戦いの直前に出奔し、徳川家康の家臣となった。戦後下野西方一万五千石が与えられ西方藩を立藩した。しかし大坂夏の陣後、戦功に対する不満を口外したため、改易になり廃藩となった

覆屋内に安置されている。
傍らに寛政十年（1798）
建立の二十三夜塔がある

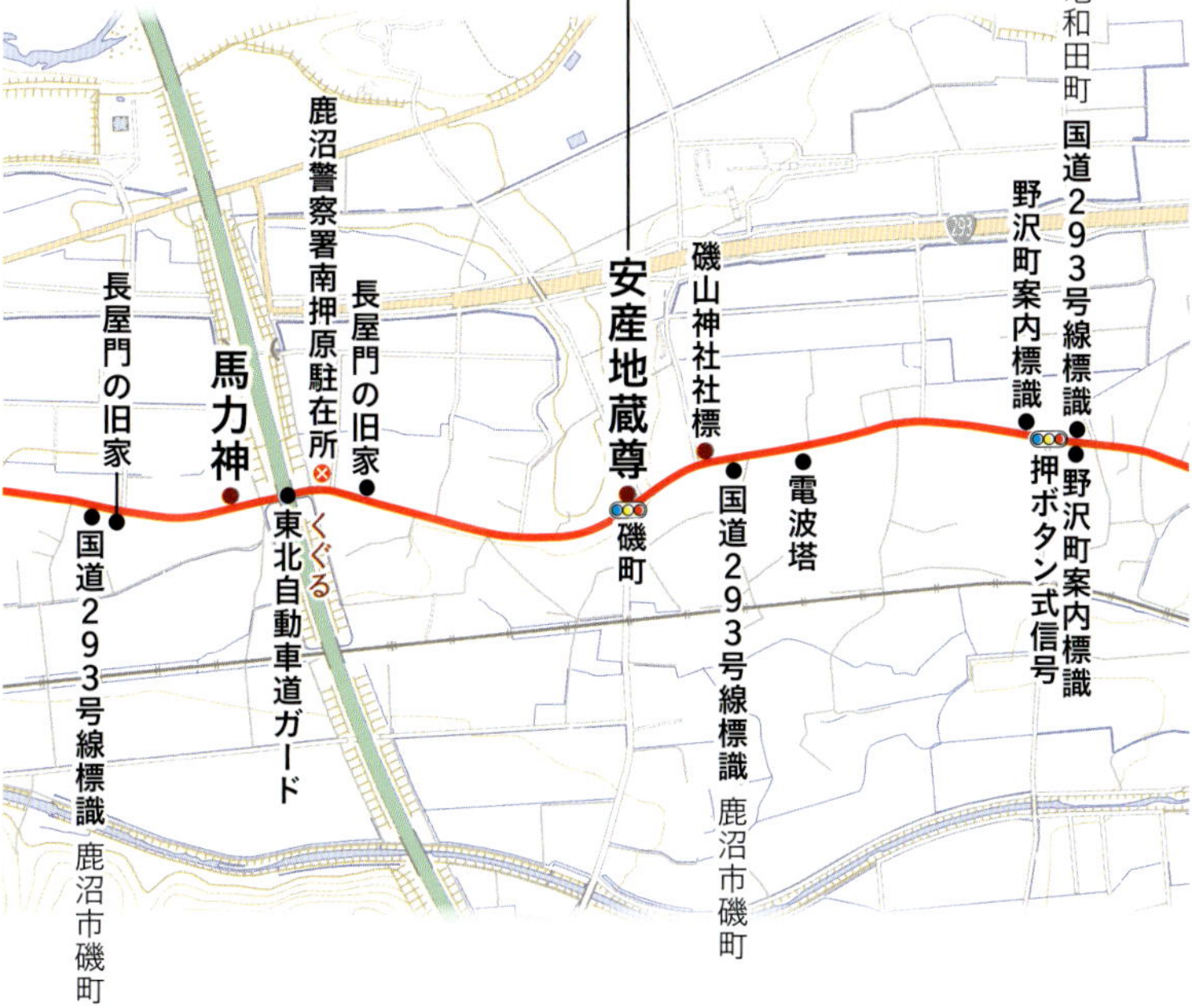

金崎

4.5km
一里八町

楡木追分

至 日光道中喜沢追分 日光壬生通り
鹿沼市磯町 国道293号線標識
足利44km 栃木市14km 国道293号線標識
貞享五年（1688）建立
「右 中山道 左 江戸道」
楡木追分道標
馬頭観世音
楡木追分《にれぎおいわけ》
下野國《しもつけのくに》
至 日光道中今市追分 日光壬生通り
楡木町
追分交差点 楡木追分
日光例幣使道の起点、日光壬生通りとの追分
楡木《にれぎ》
楡木駅 東武鉄道日光線
壬生城移築城門
重厚な高麗門。軒瓦に三つ巴紋や唐草文様が施されている
勝善神
昭和六年（1931）の建立で殉国之碑の前にある
長屋門の旧家
国道293号線標識 鹿沼市磯町
0 250 500m

エリア＝栃木県鹿沼市楡木町
最寄り駅＝楡木駅 東武鉄道日光線

日光例幣使道

徳川家康は元和二年（1616）四月十七日駿府城にて死去、享年七十五歳であった。

家康の遺言「遺体は駿河の久能山に葬り、江戸の増上寺で葬儀を行い、三河の大樹寺に位牌を納め、一周忌が過ぎてから、下野の日光山に小さなお堂を建てて勧請せよ」に従い、家康は日光山に移葬された。

一周忌に朝廷から勅使が派遣され「東照大権現」の神号が下賜され、その後三回忌、十三回忌、二十一回忌が行われ、その度に奉幣勅使が派遣され、天皇から直に授けられた「金の幣帛《へいはく》」を神前に奉納した。

正保四年（1647）徳川三代将軍家光の強い要請により、奉幣勅使が毎（例）年、家康の命日に派遣されることになり、以来「例幣使」と呼ばれた。

この慣例は明治維新の前年にあたる慶応三年（1867）まで、二百二十一年間途絶えることなく継続した。

例幣使の編成は総員五十名前後といわれ、一行は「金幣《きんぺい》」を納めた、葵の金紋付きの黒革長持を中心に、例幣使が座乗した輿に随員が乗った駕籠が続いた。

例年四月一日京を出立し、東海道を下り、草津からは中山道を進み、倉賀野追分から日光例幣使街道に入った。

日光例幣使街道は楡木追分で日光壬生通りに吸収され、今市追分で日光道中に合流し、四月十五日日光東照宮に到着した。

この日光例幣使街道は明和元年（1764）道中奉行の管轄下に置かれ、日光例幣使道と命名され、五街道に準じるようになった（本書では書籍のタイトル以外は全て「日光例幣使道」と表記する。一部併記もあり）。

この例幣使の慣例にはもう一つの側面があった、そもそもこの制度は朝廷を利用して幕府の威光を示すものであり、朝廷にとっては、はなはだ屈辱的なものであった。

この様な背景もあり、一行の振る舞いは権威尽くめではなはだ横暴であった、特に日光例幣使道に入るとより顕著になったという。

この例幣使になる事は困窮した公家にとっては金品を稼ぐ絶

好の好機であり、随行する者はツケを貯められた出入の商人達という有様であった。

その横暴さは籠をわざと揺らし、担ぎづらくし、袖の下を要求、これが強請《ゆすり》の語源になるくらいであった。

宿場では贅沢三昧をし、事前に幕府から宿場に支給された昵《じっ》懇金《こんきん》を受け取り、揚句の果てには宿代を踏み倒す始末であった。

例幣使一行の帰路は日光道中を通行し、一旦江戸に出て、東海道で帰京するのが通例であった。

例幣使は例祭が終わると前年の幣帛を持ち帰り、これを細かく裁断し、奉書紙に包み、江戸在住の諸大名に配布し、家格に応じて初穂料を受け取った。

この様に日光例幣使道は過酷を強いられた街道ではあったが、それゆえに逞しく生き抜いた街道でもあった。

徳川家慶最後の社参から二十四年後、江戸幕府は瓦解し、徳川家康公以来の二百六十四年間に終止符を打った。

さあ、日光壬生通りの歩き旅に出かけよう

喜沢追分→今市追分／今市宿

小山宿から今市宿まで
壬生通宿村大概帳　十二里二十七町
喜沢追分から今市追分まで
実測　47.6km

喜沢追分

小山より一里半七町
4.1km

飯塚

エリア＝栃木県小山市喜沢
最寄り駅＝小山駅　JR東北新幹線　東北本線（宇都宮線）　両毛線・水戸線

新設男體山道標「左　日光　右　奥州」、天明五年（1785）建立の供養塔道標「左　壬生道　右　宇都宮道」、並びに明治二十七年（1894）建立の馬頭観世音と日清日露日支出征馬碑がある

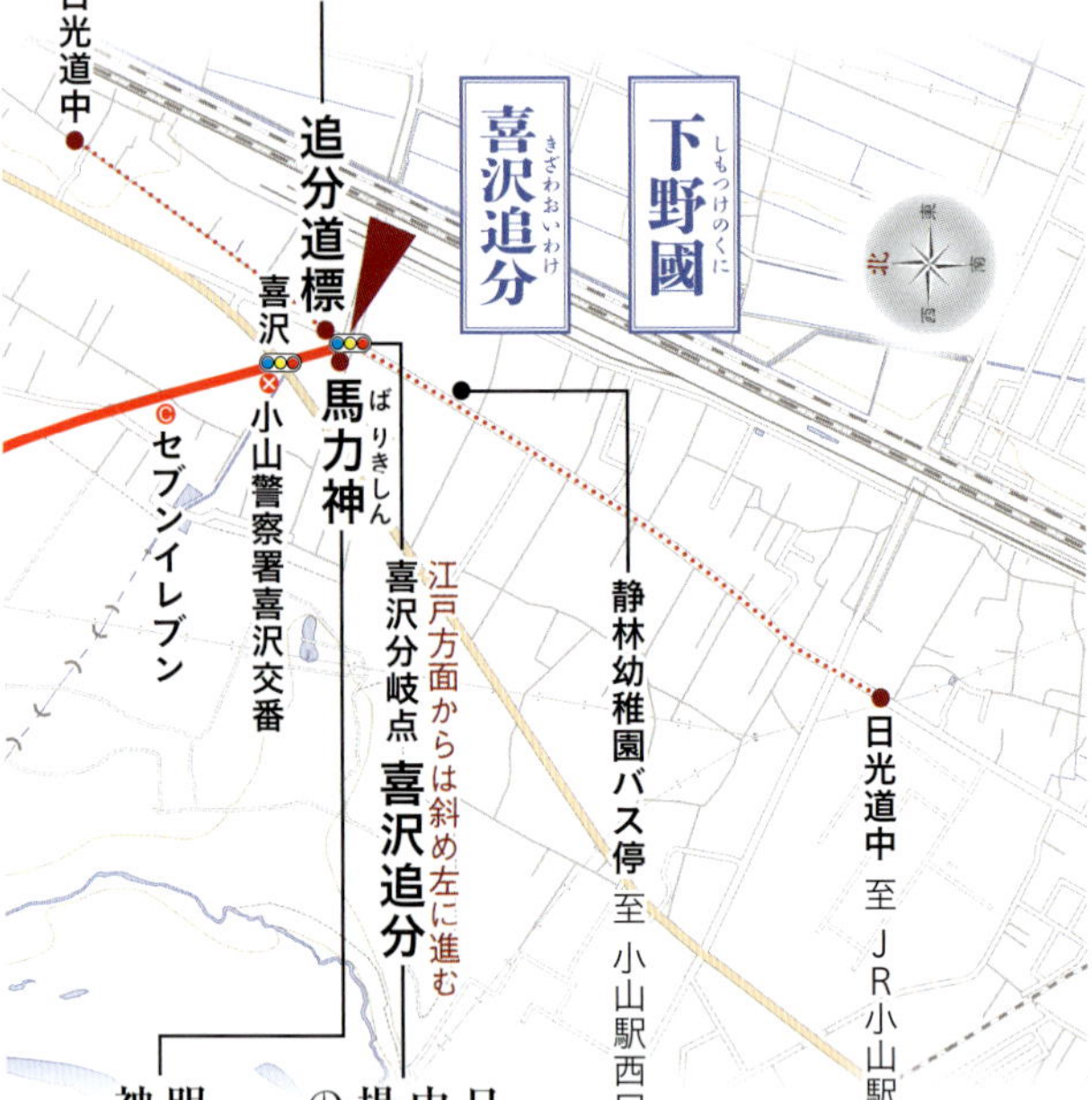

日光壬生通りの起点、日光道中との追分。喜沢追分には立場茶屋があり、将軍日光社参の際は警護所が設置された

明治三十七年（1904）建立。神道における馬頭観音

両塚が現存するが、東塚は一部崩れかけている（小山市史跡）。江戸日本橋より二十一里目

覆屋内に三体の地蔵尊坐像がある。右手の子育地蔵尊は享保十二年（１７２７）造立で「光明真言百万遍」「般若心経三万巻」と刻まれている

Y字路の分岐点に嘉永四年（１８５１）建立の「三拝河岸」と刻まれた馬頭観音がある。日光道中壬生通分間延絵図に分岐の右は「新田宿江道法《のり》廿四丁」、左は「小金井宿江道法一里」と記載されている

喜沢西の一里塚
壬生9km
栃木県道小山壬生線標識
小山5km
栃木県道小山壬生線標識
押ボタン式信号
東島田子育地蔵尊
馬頭観音
外科内科扶桑医院
案内看板
石仏群
桑57号墳
小山ゴルフクラブ

全長５９mの帆立貝式古墳。古墳脇には旧道痕跡があり、日光道中壬生通分間延絵図に描かれている成沢橋がある

島田の渡し跡

思川の渡しで、栃木に至る「栃木道」に通じていた

三拝河岸村念仏講中による享保十九年（１７３４）造立の地蔵尊立像等が四体並んでいる

三拝河岸問屋跡

田波家が勤め、三拝河岸村の名主を兼ねた。門構えを残している。集積された廻米を間々田の乙女河岸に廻送した。三拝の地名は河岸から日光山、筑波山、富士山の三山が拝めたところに由来する

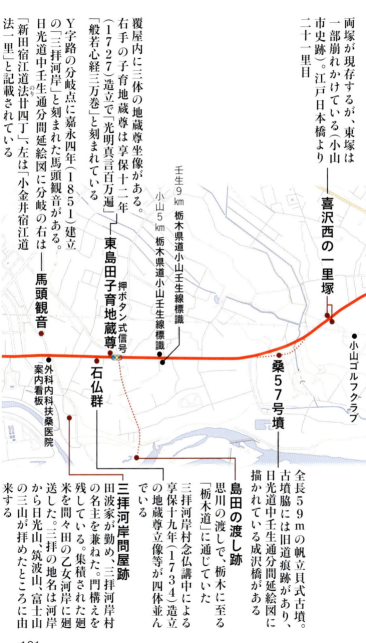

Y字路の分岐点に嘉永四年（1851）建立の「三拝河岸」と刻まれた馬頭観音がある。日光道中壬生通分間延絵図に分岐の右は「新田宿江道法《のり》廿四丁」、左は「小金井宿江道法一里」と記載されている

江戸との舟運があった。姿川は思川に落合い、思川は渡良瀬川に繋がり、利根川に連結する

馬頭観音
半田河岸跡
扶桑歩道橋
喜沢方面からは左折する
今市方面からは右折する
喜沢方面からはY字路を右に進む
大衆食堂 ドライブイン扶桑
小山壬生線 小山市飯塚 栃木県道18号線標識
羽川西小前
半田橋
姿川
羽川西小学校
大日山美術館
外科内科扶桑医院案内看板
三拝河岸問屋跡
押ボタン式信号
北
東
南
西

田波家が勤め、三拝河岸村の名主を兼ねた。門構えを残している。集積された廻米を間々田の乙女河岸に廻送した。三拝の地名は河岸から日光山、筑波山、富士山の三山が拝めたところに由来する

古民家を移築し、郷土の版画家小口一郎の作品等を展示している

小山藩領と壬生藩領の境。鮠《はや》、鮎、鮭が名物であった

夏から秋は徒歩渡り、冬から春は仮橋が架橋された。橋上からは北に男体山、谷川岳、那須連山が望める

0 250 500m

喜沢追分

小山より一里半七町　４．１km

飯塚

一里半三町　６．３km

壬生

エリア＝栃木県小山市飯塚
最寄り駅＝小金井駅　ＪＲ東北本線

【飯塚宿】

小山宿と壬生宿間の距離が長く人馬の継立に難渋した為、承応二年（１６５３）壬生藩家老九津見定利が飯塚宿を開設した。天保十四年（１８４３）の壬生通宿村大概帳によると宿内家数は六十五軒、うち本陣二、脇本陣一、問屋一、旅籠十一軒（大四、中四、小三）、宿内人数は三百十人（男百五十五人、女百五十五人）で宿長は南北六町（約６５５ｍ）であった

飯塚宿下本陣跡
宮本家が勤めた。本陣門を残し、門には「下本陣」「宮本本陣」の表札を掲げている

摩利支天塚古墳
全長約１２０ｍの前方後円墳（国史跡）。墳丘上に摩利支天社が鎮座している（小山市文化財）

石仏石塔群
元禄六年（１６９３）建立の念仏供養塔等がある

琵琶塚古墳
栃木県最大、全長約１２５ｍの前方後円墳（国史跡）。墳丘上に熊野神社が鎮座している

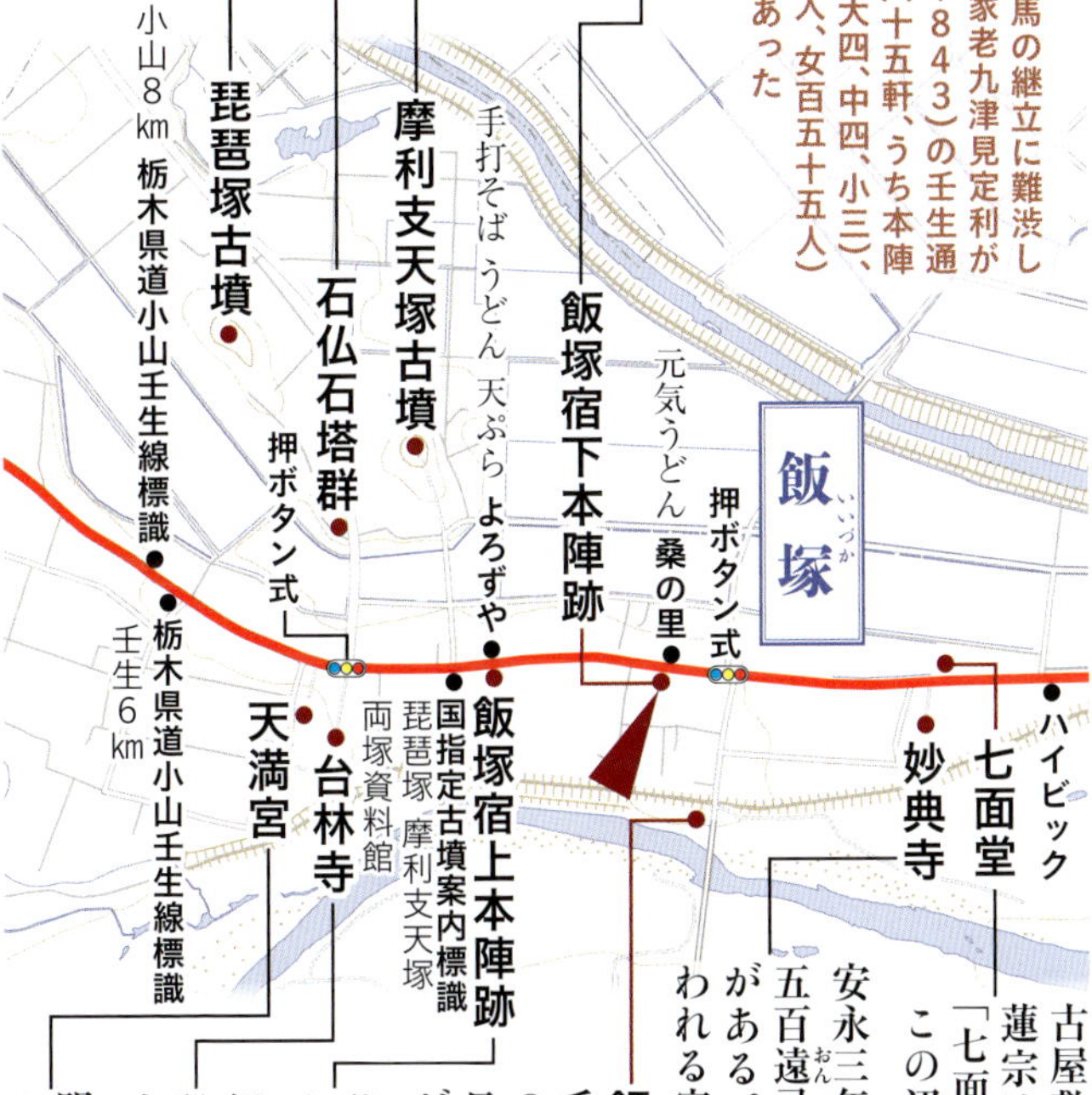

飯塚《いいづか》
手打そば　うどん　天ぷら　よろずや
元気うどん　桑の里
押ボタン式
押ボタン式
小山８km
栃木県道小山壬生線標識
栃木県道小山壬生線標識
壬生６km
国指定古墳案内標識
琵琶塚　摩利支天塚　両塚資料館
ハイビック

七面堂
古屋敷古墳上に鎮座する。日蓮宗法華経を守護する女神「七面大明神」を祀っている。この辺りが飯塚宿の南口

妙典寺
安永三年（１７７４）建立の日蓮五百遠忌《おんき》南無日蓮大菩薩供養塔がある。遠忌とは五十年毎に行われる宗祖の回忌法要のこと

飯塚河岸跡
壬生藩の御用河岸。三名の河岸附問屋が置かれ、日光東照宮修復用の資材が陸揚げされた

飯塚宿上本陣跡
谷田貝家が勤めた。敷地を残している

台林寺
飯塚宿及び飯塚河岸を開設した壬生藩家老九津見定利の墓がある

天満宮
明神鳥居は享保十八年（１７３３）建立

思川桜の里へようこそ「おやまぁ またきてね」標識
小山市標識 下野市との境
飯塚の一里塚
両塚が現存する（小山市史跡）。塚木はマツであった。江戸日本橋より二十二里、喜沢西からは一里目
帆立貝形の前方後円墳
甲塚《かぶとづか》古墳
天平の丘公園等入口標識
天平十三年（741）聖武天皇が国家鎮護のため各國に建立した寺院。七重塔、金堂、講堂等の基壇が現存する（国史跡）
下野国分寺跡
紫雲寺
境内に藤棚がある
下野市標識 小山市との境
小山－0km 栃木県道小山壬生線標識
北
東
南
西
0
250
500m

小山壬生線 下野市国分寺 栃木県道18号線標識
全長約78mの前方後円墳（栃木県史跡）。墳丘上に愛宕神社が鎮座している
愛宕塚古墳
セブンイレブン
小山壬生線 下野市国分寺 栃木県道18号線標識
壬生4km 栃木県道小山壬生線標識
花見ケ岡
蓮華寺
「大蛇済度之池」と「蛇骨経塚」がある。夫と妾《めかけ》に嫉妬した妻が大蛇となって二人を咬み殺し、里人を苦しめた。親鸞上人が済度すると、大蛇は菩薩の姿となって往生し、空から蓮華の花が降ってきた。これが「花見ケ岡」の地名となった
栃木市との境 下野市標識
栃木市標識 下野市との境
流しそうめん そばうどん 花見ケ岡岩保
杉並木の名残り
街道両側の所々に杉の古木を残している
下都賀郡壬生町との境 栃木市標識
壬生町標識 栃木市との境
栃木県道18号線標識 小山壬生線 壬生町壬生乙
名残り杉
名残り杉
押ボタン式
麺処暁商店 佐野らぁめん 手づくりぎょうざ

飯塚

6．3km 一里半三町

壬生

10．9km 二里半八町

楡木

エリア＝栃木県下都賀郡壬生町中央町
最寄り駅＝壬生駅 東武鉄道宇都宮線

【壬生宿】

壬生宿は壬生城の城下町として発展し、黒川に五ケ所の河岸があり、江戸との舟運が盛んであった。天保十四年（1843）の壬生通宿村大概帳によると宿内家数は四百二十九軒、うち本陣一、脇本陣一、問屋二、旅籠十軒（大二、中五、小三）、宿内人数は千八百七十人（男千人、女八百七十人）で宿長は南北十九町二十九間（約2，125m）であった

【宿泊】
H－みぶグリーンホテル（壬生駅近）
☎0282（82）7676

【蘭学通り】

宿並は「蘭学通り」と命名されている。壬生藩主の蘭学振興により多くの蘭学者を輩出した

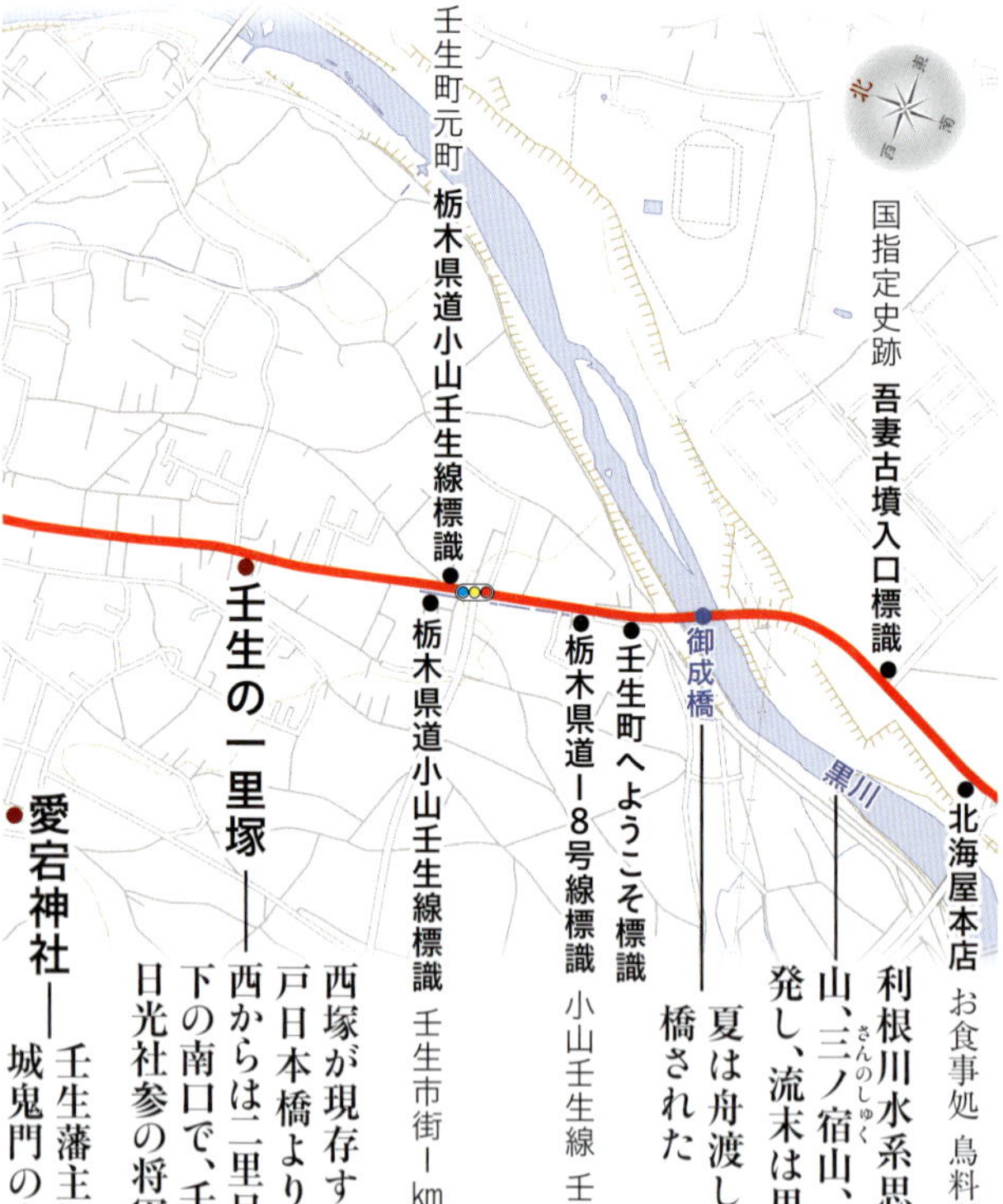

北
東
南
西
小山12km
壬生町元町
栃木県道小山壬生線標識
国指定史跡 吾妻古墳入口標識
御成橋
黒川
北海屋本店 お食事処 鳥料理
壬生町へようこそ標識
栃木県道18号線標識 小山壬生線 壬生町表町
栃木県道小山壬生線標識 壬生市街1km 壬生町表町
壬生の一里塚
愛宕神社

黒川――利根川水系思川の支流。鳴虫山、三ノ宿《さんのしゅく》山、滝ケ原峠に源を発し、流末は思川に落合う

御成橋――夏は舟渡し、冬は仮橋が架橋された

壬生の一里塚――西塚が現存する（国史跡）。江戸日本橋より二十三里、喜沢西からは二里目。ここは壬生城下の南口で、壬生藩主はここで日光社参の将軍を見送った

愛宕神社――壬生藩主松平輝貞が壬生城鬼門の守護神とした

0 250 500m

国文化財（建造物）

壬生宿脇本陣跡 「脇本陣並びに通町問屋場跡」標柱がある。松本家が勤め、問屋を兼ねた

斎藤玄昌《げんしょう》旧宅跡 「勝怠堂斎藤玄昌旧宅跡」標石がある。壬生藩主鳥居家の御典医で、種痘を取り入れ、腑分けの「解体正図」を著した

薬師堂 享保三年（1718）造立の地蔵尊坐像がある

慈覚大師円仁産湯井戸がある。円仁《えんにん》は壬生氏の子として生まれ、最澄に師事し、唐留学後は比叡山の天台座主となった

壬生《みぶ》
松本家住宅表門
壬生町道路元標
東武鉄道宇都宮線
壬生駅
喜沢方面からは左に進む
今市方面からは右に進む
壬生駅入口
壬生町役場入口
結城・宇都宮道
セブンイレブン
愛宕神社
壬生寺
上田街道入口
常楽寺
興光寺
石崎家長屋門
壬生宿本陣跡
壬生城東郭櫓台跡
壬生中央町郵便局
栃木警察署壬生交番
喜沢方面からはY字路を右に進む
今市方面からはY字路を左に進む
第46号踏切道
東武鉄道宇都宮線を横断する
栃木道
至 日光例幣使道栃木宿
興生寺《こうしょう》
壬生城址
精忠神社
大師町南
喜沢方面からは左折する
今市方面からは右折する
本丸一丁目
セブンイレブン
無名信号

壬生城主代々の祈願寺であった

壬生城東南隅の土塁と掘割がある

解説板がある。松本家が勤め、名主を兼ねた

壬生藩御典医を勤めた石崎家の屋敷跡（町史跡）

徳川三代将軍家光遺送の際に通夜を執り行い「葵紋」を拝領した

文明年間（1469〜87）壬生綱重の築城に始まる

鳥居元忠を祭っている。「元忠血染めの畳」を埋納した畳塚がある

寛正三年（1462）壬生胤業の創建。鳥居家の菩提寺で累代の墓所や壬生義雄《よしたけ》の墓がある

壬生宿北口―「日光口」と呼ばれた

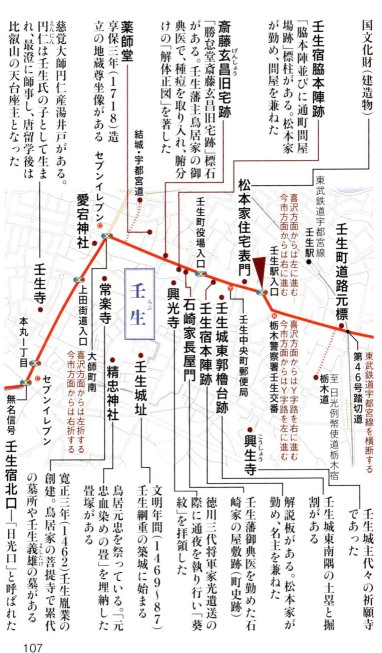

【壬生城】

寛正三年（1462）壬生氏の始祖胤業が常楽寺の西に館を建て、二代目綱重が壬生城を築城した。五代目義雄は鹿沼城を居城とし、壬生城には城代を置いた。秀吉の小田原征伐に際し、義雄は北条方に与し、壬生氏は滅亡した。正徳二年（1712）近江水口藩主鳥居忠英《ただてる》が三万石で入封し、水口の干瓢《かんぴょう》栽培を導入、この地の特産となった

【鳥居元忠】

徳川家康の重臣鳥居元忠は関ケ原合戦の前哨戦となった「伏見城の戦い」で奮戦し、西軍の進攻を十分に食い止め、落城の際に自害した。その忠節は「三河武士の鑑」と讃えられ、「血染めの畳」は忠義の証として江戸城伏見櫓に保管された。江戸城明け渡しに際し、鳥居家に下げ渡された

北
東
南
西
壬生宿北口
無名信号
国道352号線標識　日光36km　鹿沼16km
国道352号線標識　壬生町壬生
まし田　ちたけうどん　そば
押ボタン式信号
日本料理　寿司良
田舎まんじゅう　増田屋
名残り杉
馬力神
名残り杉
押ボタン式
名残り杉
磐裂《いわさく》神社
コスモ石油
名残り杉
下稲葉村

壬生宿北口—「日光口」と呼ばれた

馬力神—明治になると、廃仏毀釈により仏教系の馬頭観音に代わり、神道系の馬力神が建立された

磐裂神社—文禄三年（1594）の勧請。文久元年（1861）造立の狛犬等がある

下稲葉村—牛蒡《ごぼう》が名産であった

0　250　500m

吉次の守護仏「馬頭観音」を安置している

稲葉村の出身で、板垣退助の自由党に所属した。自由民権運動を弾圧した栃木県令の爆殺未遂で投獄された（加波山事件）。出所後は栃木県議会議員を勤めた

村口に土塁が築かれ、通りの中央には用水路が配され、宿場に準じた村並であった

門内に祀られている

北関東自動車道高架
くぐる
セブンイレブン
上稲葉
金売り吉次観音堂
金売り吉次の墓
稲葉の一里塚
鯉沼九八郎翁碑
国道352号線標識
壬生町上稲葉
不動尊入口標石
小社
鹿島神社
稲葉小学校前歩道橋
上稲葉村
稲葉小学校
馬力神
伊奈波屋 そば処
梅林《ばいりん》天満宮
圓宗《えんしゅう》寺
稲葉警察官駐在所
壬生町上稲葉 国道352号線標識
稲葉郵便局

吉次は藤原秀衡に仕え、奥州の砂金を京で商った豪商。吉次は義経が頼朝と不仲になり奥州へと逃亡する際に同行し、この地で病没した

西塚が現存する（壬生町史跡）。塚木は両塚共にマツであった。

江戸日本橋より二十四里、喜沢西からは三里目

覆屋内に小社が祀られている

嘉永二年（１８４９）建立の常夜燈等がある

菅原道真を祭っている。社殿裏には別当寺であった神宮寺歴代住職の無縫塔がある

市兵衛八幡

元禄八年（１６９５）勃発した百姓一揆の首謀者神永市兵衛を義民として祭っている

嘉祥元年（８４８）慈覚大師円仁の開基。本堂は寛永年間（１６２４～４３）、山門は天保年間（１８３０～４３）の建立

【七ツ石伝説】布教中の日蓮上人一行が休息していると、空から大きな石が七ツに割れて落ちた。この「七ツの石」を見つけると願いごとが叶うという

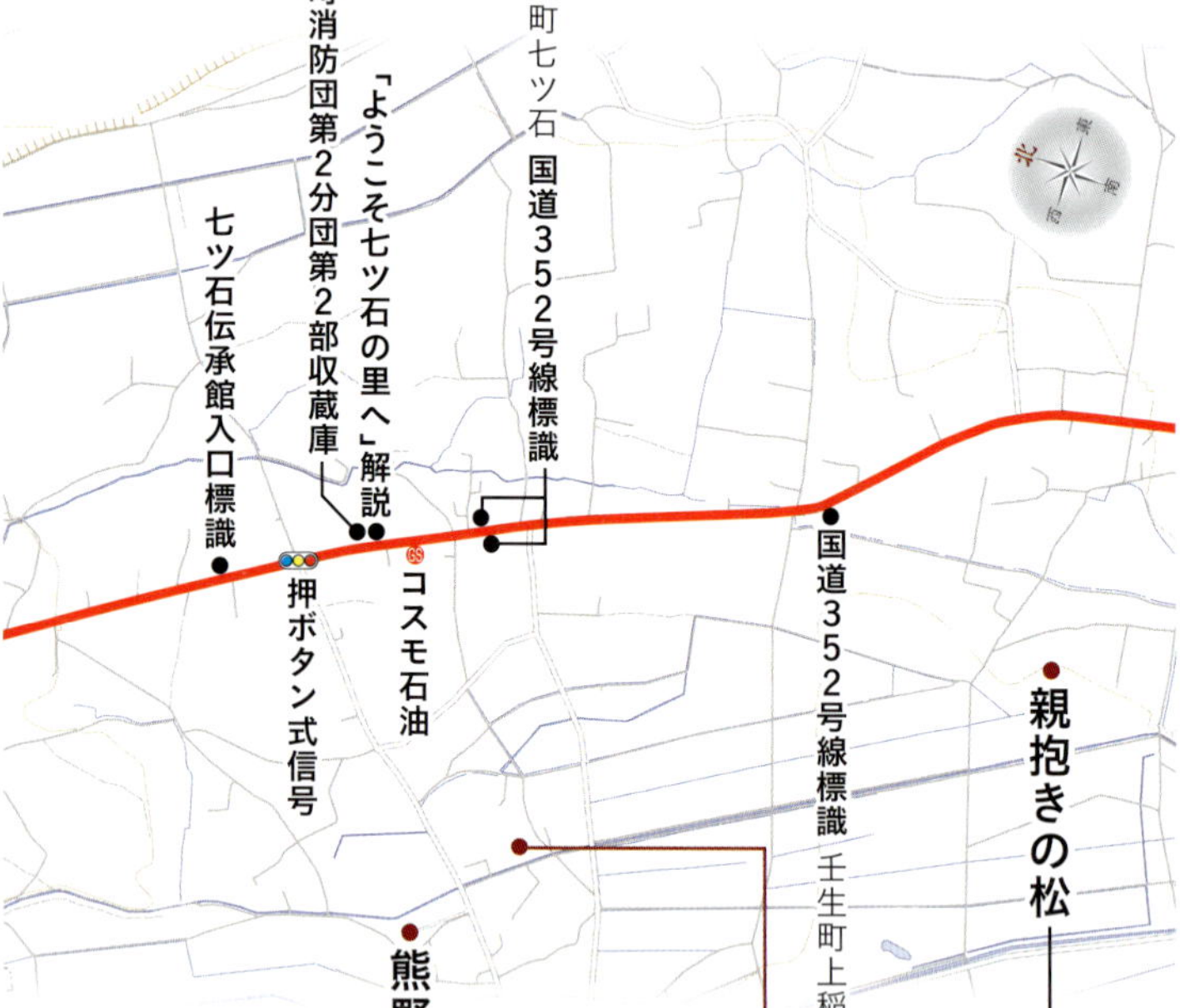

壬生町七ツ石
国道352号線標識
壬生町消防団第2分団第2部収蔵庫
「ようこそ七ツ石の里へ」解説
七ツ石伝承館入口標識
押ボタン式信号
コスモ石油
国道352号線標識
壬生町上稲葉
親抱きの松
熊野神社
北
東
南
西
0
250
500m

親抱きの松

この地で亡くなった母娘を埋葬すると、いつしか娘の墓の松が母の墓の松を抱くように生い茂った

母衣《ほろ》掛けの松跡

植栽されたマツと解説板がある。八幡太郎義家が後三年の役で奥州に向かう途次、松を植え戦勝祈願をした。後に源義経がこの松に母衣を掛けて休んだという

熊野神社

往時は熊野権現と称した

大永七年（1527）創建。安永三年（1774）建立の宝篋印塔や参道口に馬力神がある

社殿は宝暦四年（1754）建立。寛政六年（1794）建立の献燈がある

本尊は鎌倉時代作の善光寺式銅造阿弥陀三尊立像（栃木県文化財）。御堂には天和二年（1682）円空作の千手観音菩薩立像がある（鹿沼市文化財）

龍光寺
中華飯麺楽食房 清華楼
鹿沼市との境 壬生町標識
下都賀郡壬生町との境 鹿沼市標識
鹿沼市北赤塚町 国道352号線標識
北赤塚十字路
稲荷神社
廣済寺
後室庵
天満宮
金刀比羅宮
69
コスモ石油
赤塚村

椿森皇室庵
「椿森の伝説」解説板がある。昔、旅すがらの一族が椿の園で休息すると、村人は天皇家と思い込み、ここを「皇室庵」と呼び、園を「椿森」と名付けた

北条方に与し、壬生家最後の城主となった壬生義雄の後室（未亡人）が庵を結び晩年を過ごした。八幡宮は後室庵の守護神であった

八龍神社
往時は八龍神と称した。文政十年（1827）建立の石灯籠がある

文明元年（1469）壬生城主が勧請し、この地の鎮守とした

覆屋内に小社が祀られている

国道352号線標識 日光37㎞ 今市31㎞ 鹿沼市北赤塚町

国道352号線標識 鹿沼市北赤塚町

開墾農耕の神で、地元では「いわねさん」と呼ばれ親しまれている。享保十八年（1733）建立の石鳥居等がある

西塚が現存する（鹿沼市史跡）、塚木はエノキ。江戸日本橋より二十五里、喜沢西からは四里目

山岳修験霊場の石裂山に鎮座する久我《くが》石裂《おざく》と粟野《あわの》石裂《おざく》への自然石道標「右　くかおさく　左　あハのをさくミち」

スギの古木を約三十数本残している

鹿沼市北赤塚町
国道352号線標識
磐裂根裂《いわさくねさく》神社
北赤塚の一里塚
石裂山《おざくさん》道標
下原杉並木
判官塚古墳入口標識　100m
判官塚古墳
石塔群
愛宕神社
十九夜塔群
国道352号線標識　鹿沼市北赤塚町
国道352号線標識　鹿沼市北赤塚町
鹿沼ソーラーファーム
北
東
南
西
0
250
500m

全長約61mの前方後円墳。源義経が冠を埋めたとか、塚穴に身を隠し追っ手から逃れた等の伝説がある

一里塚の裏に文化六年（1809）建立の馬頭観音等がある

一里塚前の旧道痕跡沿いに鎮座している

覆屋内に寛延三年（1750）建立の北赤塚判官台女人講中十九夜塔等がある

永延二年（988）創建の古社。慶安元年（1648）徳川三代将軍家光より御朱印を拝領した。本殿は寛文二年（1662）の建立（栃木県文化財）。御神木の「杉」は樹齢五百年、「夫婦杉」は樹齢四百年（共に鹿沼市天然記念物）。「あじさい祭り」で知られる

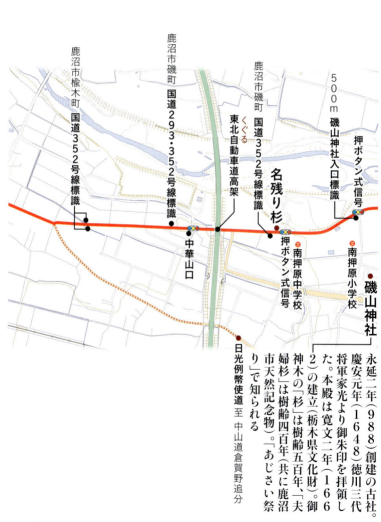

壬生

10.9km
二里半八町

楡木

1.5km
十二町

奈佐原

エリア＝栃木県鹿沼市楡木町
最寄り駅＝楡木駅　東武鉄道日光線

【楡木宿】

地名は百姓家にあった一本の「ニレノキ」に由来する。楡木宿は奈佐原宿と合宿で問屋業務は半月交代で勤めた。日光例幣使道の追分を控え賑わった。天保十四年（1843）の壬生通宿村大概帳によると宿内家数は百二十八軒、うち本陣一、脇本陣二、問屋二（十日交代で勤めた）、旅籠十五軒（大中四、小十一）、宿内人数は五百十一人（男二百五十三人、女二百五十八人）で宿長は南北六町二間（約658m）であった

楡木《にれぎ》
北
東
南
西
楡木追分道標
貞享五年（1688）建立「右 中山道 左 江戸道」
楡木追分
日光例幣使道の起点、日光壬生通りとの追分
今市方面からはY字路の左は日光壬生通り、右は日光例幣使道
追分交差点
楡木下町バス停
国道293・352号線標識　鹿沼市楡木町
楡木駅入口バス停
にれぎ裕鮨
楡木町
見世蔵跡
呉服商を営んだ小松家住宅
楡木郵便局
成就院
推定樹齢百年のシダレアカシデで知られる（栃木県天然記念物）。十王堂等がある
楡木駅　東武鉄道日光線
国道293・352号線標識　鹿沼市楡木町
楡木神社入口バス停
押ボタン式
楡木町中央バス停
石仏石塔群
宝暦三年（1753）建立の光明真言供養塔、弘化二年（1845）建立の馬頭観世音等がある
手打ちそば　和食　定食
力鶴
0
250
500m

楡木

1.5km
十二町

奈佐原

4.3km
一里十町

鹿沼

エリア＝栃木県鹿沼市奈佐原町
最寄り駅＝樅山駅 東武鉄道日光線

【奈佐原宿】黒川の河岸から材木や竹を江戸に送り出し、麻の栽培が盛んであった。楡木宿と合宿で問屋業務は半月交代で勤めた。天保十四年（1843）の壬生通宿村大概帳によると宿内家数は六十三軒、うち本陣一、問屋二、旅籠二十二軒（中十五、小七）、宿内人数は三百三十人（男百五十五人、女百七十五人）で宿長は南北四町十六間（約465m）であった

西問屋跡
萩原家が勤め、土手を残している。当初、奈佐原宿には本陣が無く、参勤の際は萩原家が勤めた

奈佐原文楽用具収蔵庫
三人遣いの人形浄瑠璃奈佐原文楽用具の収蔵庫、人形二十頭（栃木県有形民俗文化財）。現在、奈佐原文楽保存会によって保存伝承されている（国無形民俗文化財）

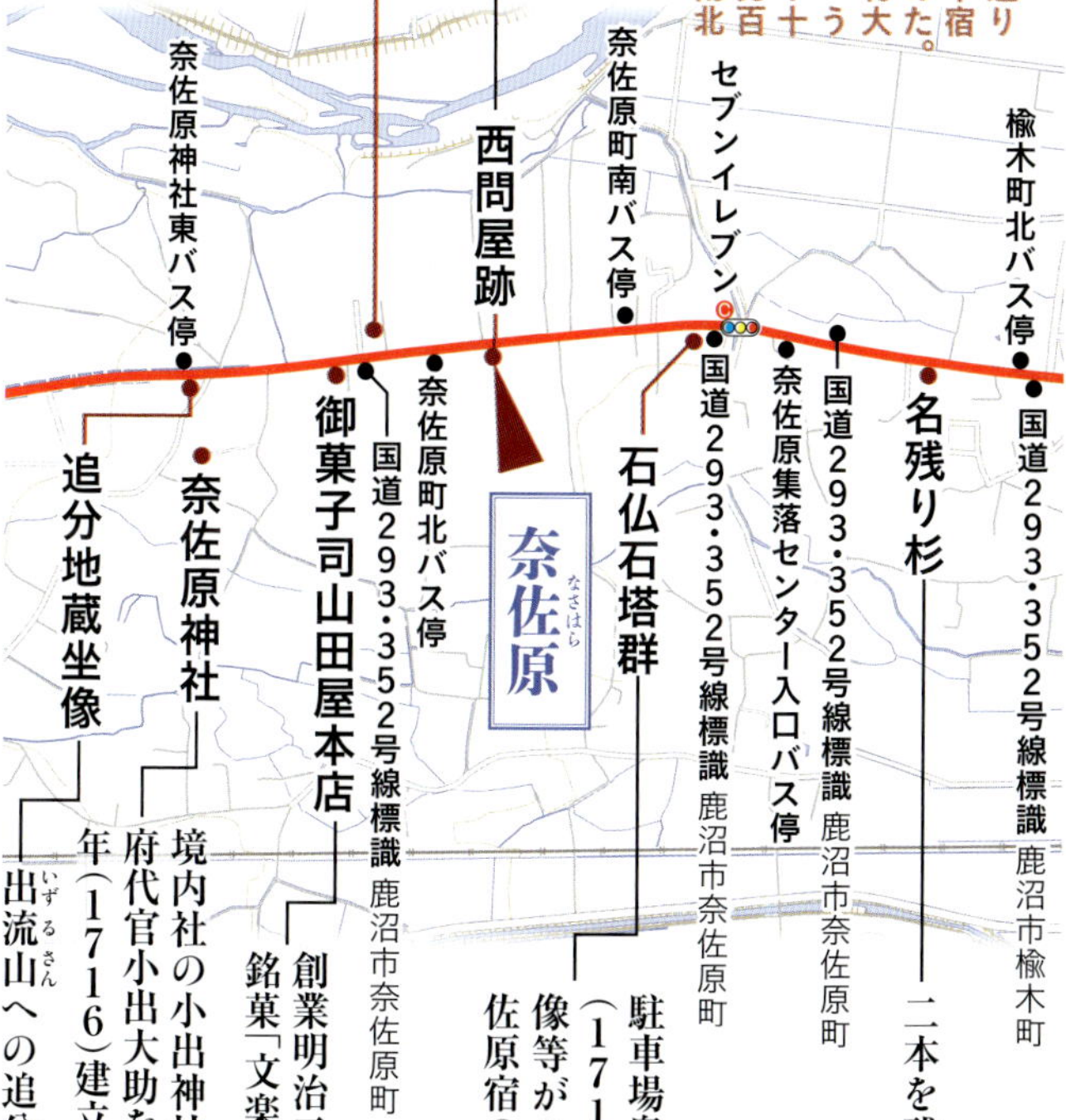

楡木町北バス停
国道293・352号線標識 鹿沼市楡木町
国道293・352号線標識 鹿沼市奈佐原町
奈佐原集落センター入口バス停
セブンイレブン
国道293・352号線標識 鹿沼市奈佐原町
奈佐原町南バス停
奈佐原町北バス停
奈佐原《なさはら》
国道293・352号線標識 鹿沼市奈佐原町
奈佐原神社東バス停

名残り杉
二本を残している

石仏石塔群
駐車場奥の墓地に享保三年（1718）造立の地蔵尊坐像等がある。この辺りが奈佐原宿の南口

御菓子司山田屋本店
創業明治二十一年（1888）銘菓「文楽もなか」の老舗

奈佐原神社
境内社の小出神社は善政を敷いた幕府代官小出大助を祭ったもの。正徳六年（1716）建立の石燈籠等がある

追分地蔵坐像
出流山《いずるさん》への追分に安置されている

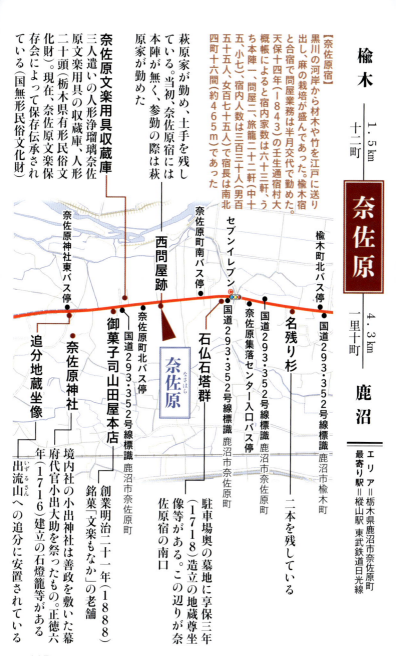

【奈佐原の一里塚】奈佐原宿の南口辺りにあったともいうが位置は不明。江戸日本橋より二十六里、喜沢西からは五里目

【樅山《もみやま》伝説】樅山に大蛇が棲み、里人を悩ませた。通りすがりの弘法大師が山上の石に地蔵尊を描き、加持祈祷を行うと大蛇は消え去った。以来この石は「蛇石」と呼ばれた

塩山《しおやま》町南バス停
国道293・352号線標識
鹿沼市奈佐原町
名残り杉
国道293・352号線標識
鹿沼市樅山町
樅山町南バス停
樅山駅前
樅山駅入口バス停
セブンイレブン
東武鉄道日光線
樅山駅
樅山歩道橋
鹿沼市樅山町
国道293・352号線標識
樅山町北バス停
鹿沼樅山郵便局
名残り杉
北押原コミュニティセンター入口バス停
名残り杉
生子《いきこ》神社案内標識
鹿沼市樅山町
国道293・352号線標識
笠石道標
0
250
500m

西1kmに鎮座している。天文十八年（1549）病死した子の蘇生祈願を行うと、三日後に生き返ったという。例大祭では子供泣き相撲が奉納される（国無形民俗文化財）

綜合衣料おぎわら脇にある。

宝暦十年（１７６０）建立「いつる」、出流山満願寺へ五里の道標

本尊の木造阿弥陀如来立像は仏師快慶作という（栃木県文化財）。慶安二年（1649）徳川三代将軍家光から寺領七石を安堵された

十九夜供養搭、馬力神、馬頭観世音等がある

光明寺
今市方面からはY字路を左に進む
鹿沼市上殿町　国道293・352号線標識
大門宿
大門宿バス停
十一屋　定食　らーめん
上殿丁字路
上殿丁字路バス停
山インドキッチン　インドカレー
鹿沼市上殿町　国道293・352号線標識
押ボタン式信号
猿田彦神社
上殿バス停
勝善神
鹿沼市上殿町　国道293・352号線標識
押原神社入口バス停
高橋外科胃腸科
押原神社社標
押ボタン式
ファミリーマート
桜内バス停
村井町
鹿沼市村井町　国道293・352号線標識
石造物
鹿沼営業所バス停

覆屋内に馬頭観音像、如意輪観音像、石祠がある

【出流山満願寺】天平神護元年（765）勝道上人の開山で、出流山と号し、本尊は弘法大師作の千手観音菩薩像。奥之院には鍾乳石の十一面観音像があり、子授子育てにご利益がある

【大門宿村】中世、この地を支配した大門氏の拠点で、宿場を形成していた。江戸時代になると立場となった

【上との村】村名は黒川畔に鎮座する鎮守三日月神社の神殿《かみとの》に由来する

奈佐原

4.3km 一里十町

鹿沼

9.6km 二里八町

文挾

エリア＝栃木県鹿沼市石橋町
最寄り駅＝新鹿沼駅 東武鉄道日光線

【鹿沼宿】 元和二年（1616）宿並が形成された。天保十四年（1843）の壬生通宿村大概帳によると宿内家数は七百五十一軒、うち本陣一、脇本陣一、問屋四、旅籠二十一軒（大八、中八、小五）、宿内人数は二千八百四十四人（男千四百二十七人、女千四百十七人）であった

押原神社 大同四年（809）創建、押原六十六郷の総鎮守。天慶二年（939）承平の乱の折、藤原秀郷が戦勝祈願し、平将門追討後に弓箭《きゅうせん》鏡剣を奉納した。本殿は享保元年（1716）建立の一間社流造（鹿沼市有形文化財）

鳥居跡《とりいど》 源頼朝が日光山神領口に建立した遠鳥居跡

大日如来堂 徳本真跡十三仏図がある

鹿沼宿本陣跡 現鈴木内科。鈴木家が勤め、例年四月十三日例幣使の宿所となった

二荒山神社 男体講の行屋《ぎょうや》跡に勧請された

押原神社
東武新鹿沼駅入口バス停
時差式信号
鹿沼営業所バス停
押ボタン式信号
鹿沼商工入口バス停
国道293・352号線標識
鳥居跡
新鹿沼駅前
1 都旅館
新鹿沼駅 東武鉄道日光線
鹿沼《かぬま》
鳥居跡《とりいど》
白山神社
国道293・352号線標識 鹿沼市蓬莱町
鹿沼高校入口バス停
寺町バス停
国道293・352号線標識 鹿沼市寺町
下材木町
石橋町バス停
雲龍寺
2 ホテル喜楽
薬王寺
石橋町
大日如来堂
鹿沼宿本陣跡
二荒山神社
大坂屋夢箒《ほうき》

雲龍寺 鹿沼宿本陣を勤めた鈴木石橋の墓がある

薬王寺 徳川家康、家光の霊柩が逗留した

大坂屋夢箒《ほうき》 創業宝永元年（1704）名産「鹿沼箒」の老舗

0 250 500m

石標は弘化三年（1846）建立

天文元年（1532）壬生綱房が守護神として祀った

壬生綱房の創建。石鳥居は元禄二年（1689）建立

福田家住宅。江戸末期築の町屋建築（国登録有形文化財）

本殿には重厚な彫刻が施されている（鹿沼市有形文化財）

「塩なめ地蔵尊」に塩を供えて願掛けすると霊験あらたかという

【宿泊】
H1 都旅館 ☎0289（62）2610
H2 ホテル喜楽 ☎0289（62）3175

セブンイレブン
薬師堂
鹿沼郵便局
仲町バス停
御殿地跡
仲町屋台
久保町バス停
十二社神社
鹿沼市天神町 国道293号線標識
市役所前
今宮神社
天満宮
麻問屋跡
鹿沼市上材木町 国道121・352号線標識
厳島神社
宝蔵寺
星宮神社
辨財天
松源寺《しょうげん》
御成橋1丁目バス停
御成橋バス停

現中央小学校。徳川四代将軍家綱日光社参の際に御殿が造営された

天保の改革による華美禁止令が出ると、絢爛華麗な白木彫刻の屋台が造られた

鹿沼宿の氏神。祭礼には各町内から白木彫刻屋台が繰り出す

鹿沼城址
天文元年（1532）壬生綱房が築城し、居城とした

徳川秀忠、家光が日光社参の帰途に休息した

宿場用水の水源に祀られている

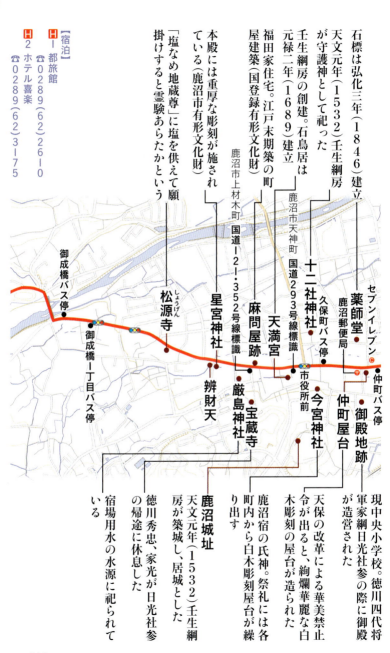

常は徒歩渡り、将軍日光社参の際は架橋された。橋上からは日光連山、男体山が望める

本尊の不動明王弘法大師坐像は四十二歳大厄の時、厄除け祈願に自刻したものという。日光参詣の諸大名や旅人は道中安全を祈願した

今市方面からは御成橋を渡る
楡木方面からは左に進む
御成橋東
御成橋
下野成田不動尊
セブンイレブン
国道121・352号線標識 鬼怒川31km 日光18km
杉並木の名残り
国道121・352号線標識 鹿沼市御成橋二丁目
大名そば 十割そば 本陣
杉並木
御成橋町屋台収蔵庫
北中西
国道121・352号線標識 鹿沼市御成橋二丁目
ラーメン とんかつ お食事処きん太
押ボタン式
並木藤 石打真空ねりそば
鹿沼市御成橋町 国道121・352号線標識
鹿沼市武子《たけし》 国道121・352号線標識
平成橋東
国道121・352号線標識 鹿沼市富岡
鬼怒川30km 日光17km 国道121・352号線標識
黒川
御成橋西
楡木方面からは右折する
今市方面からは左折する
北
0 250 500m

【鹿沼の一里塚】鹿沼宿の宿並にあったというが、位置は不明。江戸日本橋より二十七里、喜沢西からは六里目

【鹿沼城】この地を領した鹿沼氏は宇都宮忠綱に攻め滅ぼされ、配下の壬生綱重が鹿沼城を築き居城とした。五代城主壬生義雄は宇都宮氏から離反し、北条方に従属したため、滅亡し、廃城となった

鳴虫山南西麓に源を発し、流末は思川に落合う

【鈴木石橋《せっきょう》】

鹿沼宿本陣を勤めた鈴木石橋は昌平黌で学び、私塾麗沢之舎《りたくのや》を開き、蒲生君平等を育成した。石橋は私財を投じ、飢饉に備え穀物を備蓄し、「天明の飢饉」の際に窮民を救済した。宇都宮藩に招かれ藩儒となり、藩士の育成にも勤めた

【八幡台《はちまんだい》】

嘉永三年(1850)刊の安見絵図に、この辺りの景色を「台を降れば小樫山(古賀志山)見ゆ。左には冨岡村の柘石山《つげしやま》みゆ。山上に柘石権現あり。夫《それ》に連なる山を蓑山《みのやま》と云。右のかた小樫山に続く山を岩崎山といふ。山上に鶴子観音あり。近郷より馬を牽て参詣せしむ。馬の病の願をかくるにてもあるべし。小樫には岩窟の内に大日と滝の尾権現あり。此山高からざれども、千住宿の末よりは見ゆるなり。其間に隔たる山なきが故也」と著している

鹿沼市武子 国道121・352号線標識
鹿沼市斎場入口標識
ヤママル
鹿沼杢芸
八幡台
カザキ運輸産業
富岡
ファミリーマート
粂谷商店
国道121・352号線標識 鹿沼市富岡
関根製作所
国道121・352号線標識 鹿沼市富岡
富岡の一里塚
萩原鐵工所
国道121・352号線標識 鹿沼市富岡

廃業レストランの街道側出入口の右手に西塚が現存する。江戸日本橋より二十八里、喜沢西からは七里目

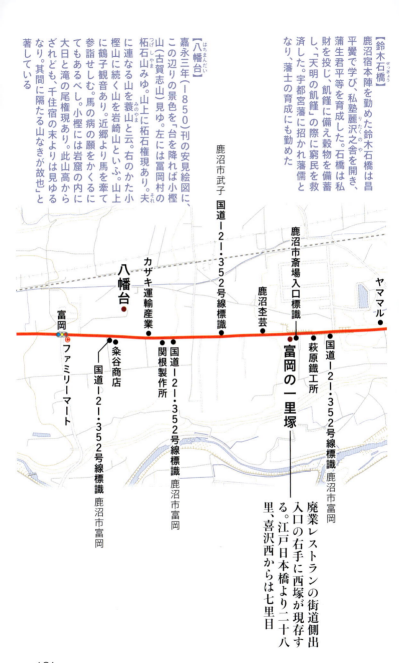

【古賀志山《こがしやま》】

街道の東に望む。古賀志山（標高582.8m）、御岳山（546m）、赤岩岳（536m）が一体の山塊を成して見えるため、これらをまとめて「古賀志山」とも呼ばれる。日光の入口に位置し、山頂には御嶽神社が鎮座し、堂々とした山容は北関東屈指の名山といわれ、日本百低山に選定されている

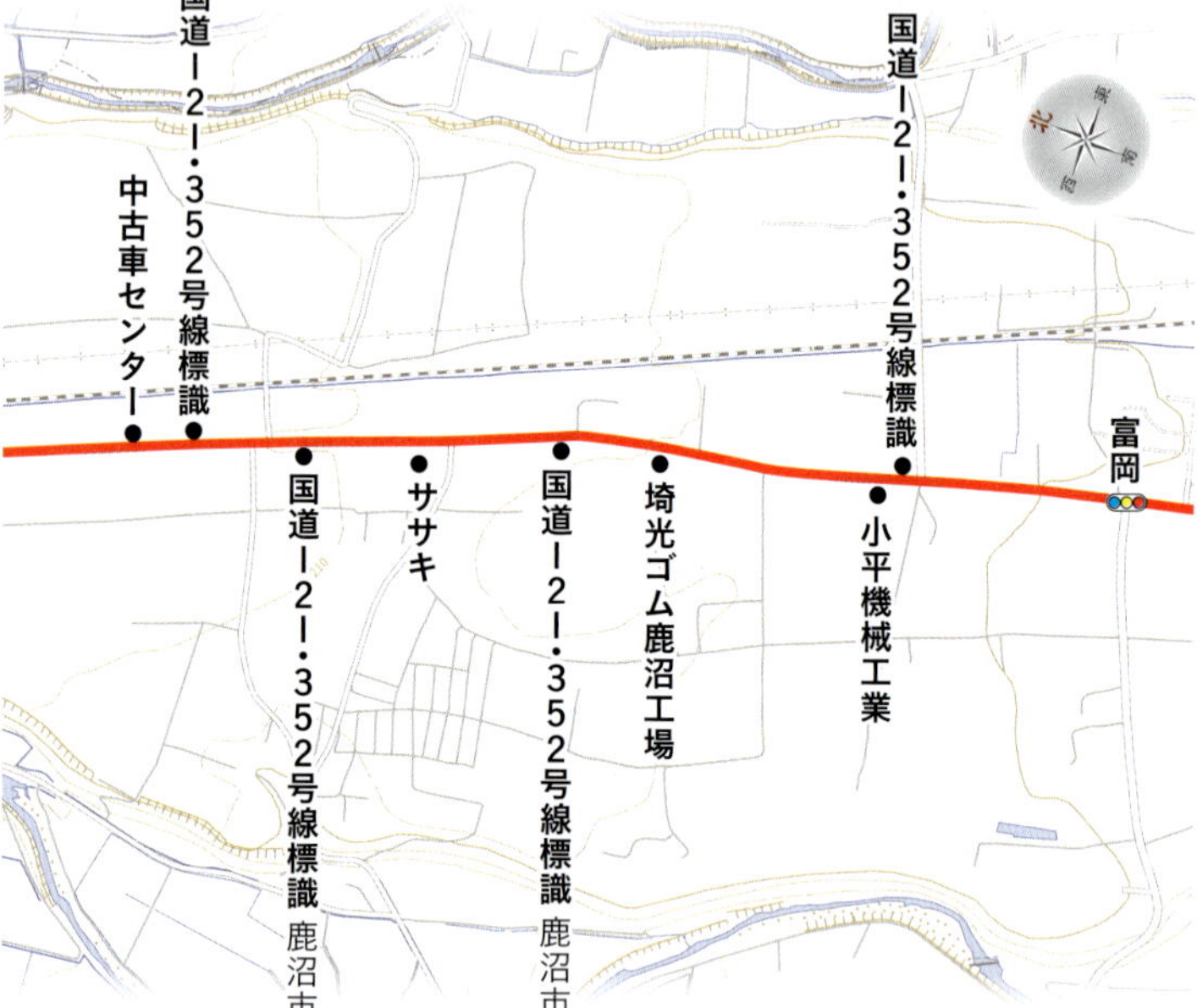
鹿沼市武子 国道121・352号線標識
中古車センター
国道121・352号線標識 鹿沼市富岡
ササキ
国道121・352号線標識 鹿沼市富岡
埼光ゴム鹿沼工場
鹿沼市武子《たけし》 国道121・352号線標識
小平機械工業
富岡
北
東
南
西
0
250
500m

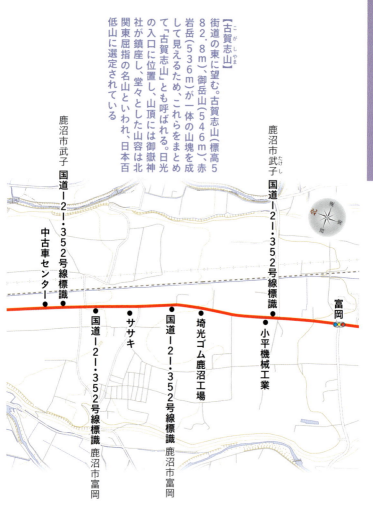

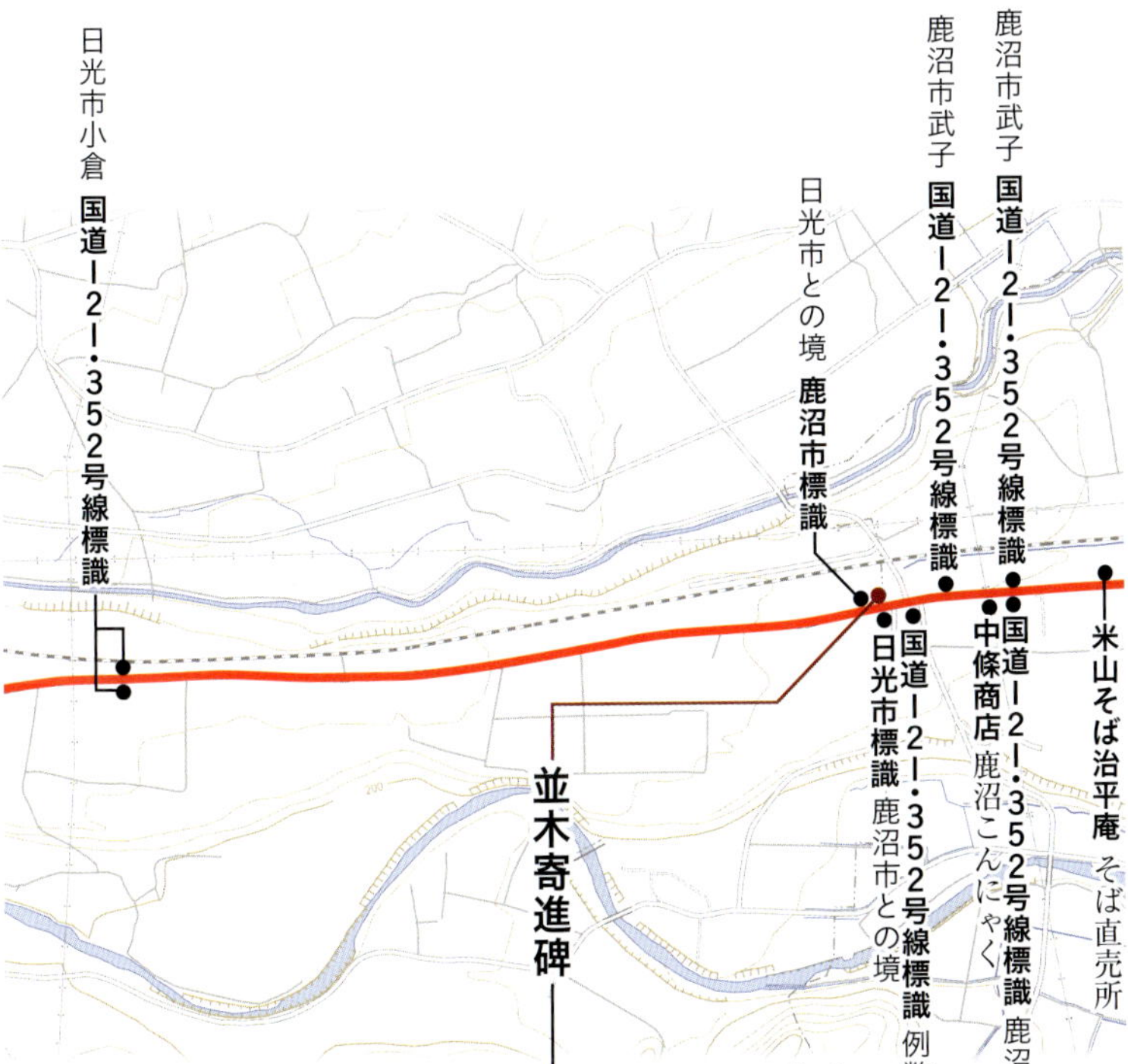
日光市小倉 国道121・352号線標識
日光市との境 鹿沼市標識
鹿沼市武子 国道121・352号線標識
鹿沼市武子 国道121・352号線標識
米山そば治平庵 そば直売所
国道121・352号線標識 鹿沼市富岡
中條商店 鹿沼こんにゃく
国道121・352号線標識 例幣使街道 日光20km
日光市標識 鹿沼市との境
並木寄進碑

慶安元年（1648）建立。相模玉縄藩主松平正綱は紀州熊野から杉苗二十万株余りを取り寄せ、寛永二年（1625）から二十数年の歳月をかけ、日光道中、日光壬生通り、会津西街道に植栽し、家康の三十三回忌に日光東照宮に寄進した。この寄進碑は日光神領の境にあるところから「境石」とも呼ばれた。日光杉並木は日本で唯一、国の特別史跡及び特別天然記念物の二重指定を受けている

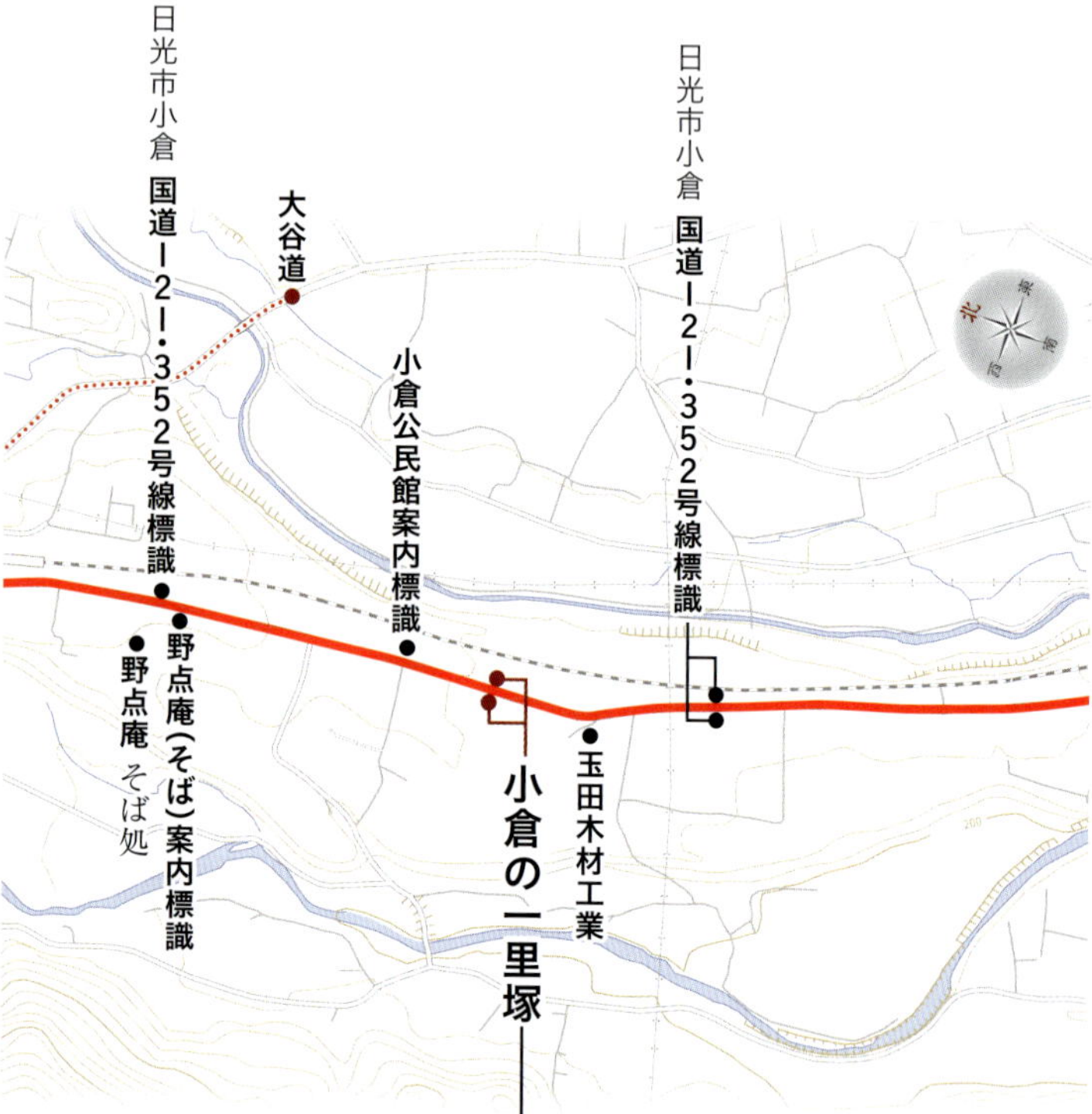

日光市小倉
国道121・352号線標識
大谷道
小倉公民館案内標識
日光市小倉
国道121・352号線標識
北
東
南
西
野点庵（そば）案内標識
野点庵 そば処
小倉の一里塚
玉田木材工業
200

両塚が現存する。塚木のスギは後世に植樹されたもの。江戸日本橋より二十九里、喜沢西からは八里目

0 250 500m

鹿沼

9.6km 二里八町

文挾

4.3km 三十三町

板橋

エリア＝栃木県日光市文挾町
最寄り駅＝文挾駅 JR日光線

【文挾宿】文挾宿は日光東照宮の造営後に開設され、板橋宿と合宿であった。天保十四年（1843）の壬生通宿村大概帳によると宿内家数は三十軒、うち本陣一、脇本陣二、問屋一、旅籠十四軒（大五、中五、小四）、宿内人数は百五十六人（男六十九人、女八十七人）で宿長は南北三町十四間余り（約353m）であった

文挾《ふばさみ》
JR日光線
文挾駅
押ボタン式
三宝鮨 三宝巻き
追分道標
文挾
延命地蔵尊
押ボタン式
手打ちそば 一庵
文挾宿本陣跡
日光ろばたづけ
文挾宿問屋跡
宝蔵院跡
下板橋村通路踏切
JR日光線
国道121・352号線標識 日光市文挾町
馬力神
大乗妙典日本廻国供養塔
郷倉
二荒山神社
聖徳太子碑
駅前食堂 御食事処

文挾宿問屋跡 現問屋（有）田辺商店。田野部浅右衛門が勤めた

宝蔵院跡 十九夜塔等がある

聖徳太子碑 文久元年（1861）建立。並びに「岩見重蔵之碑」がある。重蔵は仇討ちで知られる岩見重太郎の兄。石橋で病に倒れ、仇に出逢ったが返り討ちに遭った

追分道標 宝暦十二年（1762）建立の廻国念仏供養塔道標「右 鹿沼 出流 岩船 左 大谷 田下 宇都宮 道」

延命地蔵尊 覆屋内に安置されている

文挾宿本陣跡 現田中氏宅。田野部善左衛門が勤め、屋号を中屋善左衛門と称し、名主を兼ねた

郷倉 安政年間（1854～50）築。クリ材による堅固な造りになっている。飢饉に備え稗《ひえ》等の穀物を備蓄した（日光市有形文化財）

二荒山神社 源頼朝は近郷六十六ケ村を日光三社（日光二荒山神社、本宮神社、滝尾神社）に寄進し、日光三社を勧請した内の一社で文挾の鎮守とした

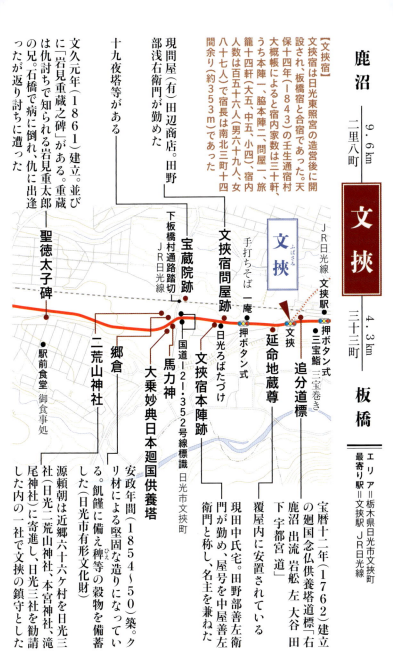

文久元年（1861）建立。並びに「岩見重蔵之碑」がある。重蔵は仇討ちで知られる岩見重太郎の兄。石橋で病に倒れ、仇に出逢ったが返り討ちに遭った

【二荒山神社の食い祭り】毎年一月十五日、各戸から一人が御膳「白米飯、味噌汁、煮しめ」を持参し、神事後に一同で食す。参詣者には甘酒が振る舞われる

北
東
南
西
聖徳太子碑
稲庭宝来うどん　稲庭屋
押ボタン式
駅前食堂　御食事処
国道121・352号線標識　日光市小代《こしろ》
0
250
500m

日光市板橋　国道121・352号線標識

慶応元年（1865）建立の小代村、板橋村、明神村の境界石

祠内に文政八年（1825）造立の如意輪観音十九夜念仏供養塔がある。供養塔には「板橋下宿女人講中念仏供養塔」と刻まれている

国道121・352号線標識　日光市小代

【三本石由来】

三村の境界を取り決める話し合いがまとまらず、翌朝各村の名主が自邸を出立し、落合った所を境界とすることにした。ところが板橋村の名主は寝坊し、二村の名主が自邸に来てしまった所がここだという

国道121・352号線標識　日光市板橋

東塚が現存する。江戸日本橋より三十里、喜沢西からは九里目

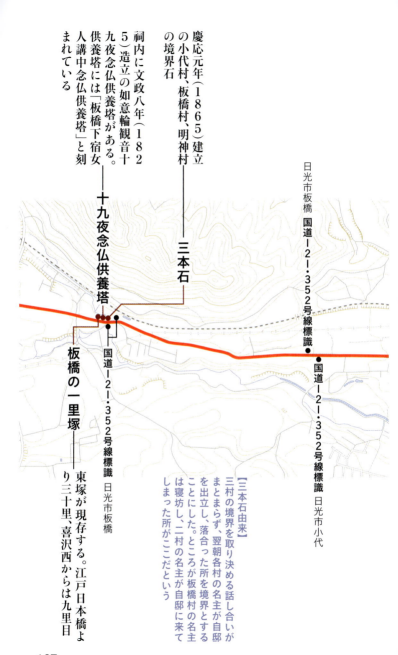

文挟 ― 4.3km 三十三町 ― **板橋** ― 6.6km 二里 ― 今市追分

エリア＝栃木県日光市板橋
最寄り駅＝明神駅 東武鉄道日光線

桝屋脇本陣跡
現田邊宅。問屋、名主を兼ねた

薬師堂
本陣大貫家の薬師堂。延享元年（1744）銘の鰐口がある

板橋陣屋跡
松平一生は慶長九年（1604）死去、元和三年（1617）二代藩主成重は三河西尾へ移封となり板橋陣屋は廃された

永楽屋脇本陣跡
永楽屋看板を掲げている

栖克《すみよし》神社
永正元年（1504）遊城坊綱清が創建し、板橋城の守護神とした。享保二年（1717）建立の石鳥居がある

至 日光道中森本

板橋城址
鬼怒川21km 日光市街7km 宇都宮22km 鹿沼14km
国道121号線標識
食楽酒楽むらかみ うどん 洋食
板橋宿枡形
無名信号
楡木方面からは左折する
今市方面からは右折する
奥州道
日光市板橋 国道121・352号線標識
板橋
板橋《いたばし》
北 東 南 西
0 250 500m

板橋宿本陣跡
大貫家が勤めた。本陣跡地は田畑になっている

福生寺《ふくしょう》
板橋将監親棟以降の歴代城主、板橋藩主であった松平一生、成重親子の位牌を安置している

勝善神
神道系の馬頭観音

国道121・352号線標識 日光市明神

【板橋宿】

文挟宿とは合宿で、問屋業務は半月交代で勤めた。天保十四年（1843）の壬生通宿村大概帳によると宿内家数は四十二軒、うち本陣一、脇本陣二、問屋一、旅籠二十五軒（大五、中十一、小九）、宿内人数は二百二十一人（男百一人、女百二十人）で宿長は南北三町半（約381m）であった

【板橋城】

永正年間(1504〜20)宇都宮氏一族の遊城坊《ゆうじょうぼう》綱清の築城に始まる。天文年間(1532〜54)宇都宮氏と敵対していた鹿沼城主壬生綱房が小田原北条氏に支援を求め、派遣された板橋将監親棟が侵攻奪取し城主となった。北条氏が滅びると徳川家臣の松平一生《かずなり》が入城し、板橋藩一万石を立藩した。日光東照宮造営に伴ない、この付近一帯が神領となったため廃藩廃城となった

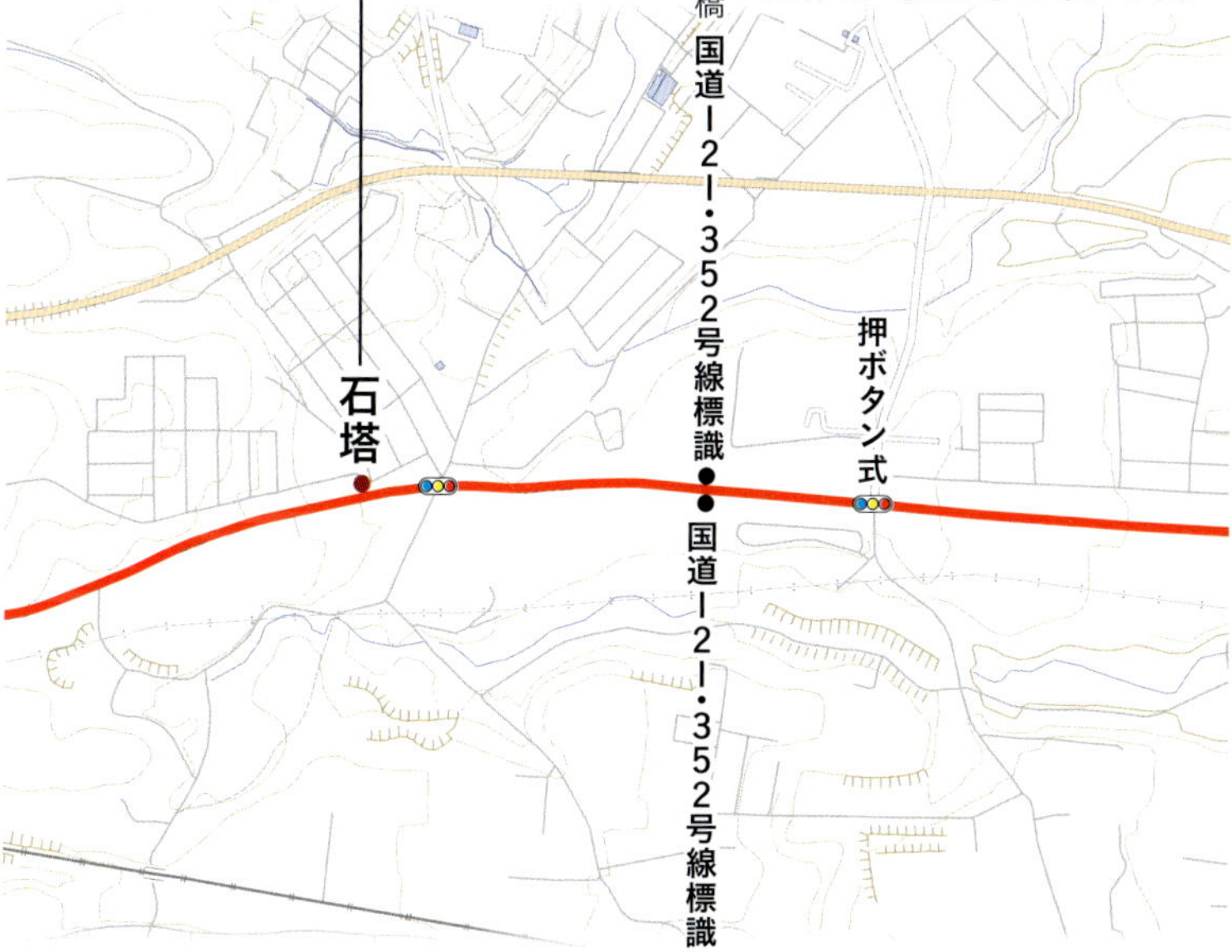
日光市板橋
国道121・352号線標識
安政五年(1858)建立の四国西国坂東巡拝供養塔と庚申塔がある
石塔
押ボタン式
国道121・352号線標識
日光市明神

【本多正盛自刃地】

日光東照宮造営副奉行の本多正盛は同僚の山城忠久と争論となり、揚句に刀の鞘で打ち据え、山城は割腹して果てた。正盛は東照宮竣工後の元和三年(1617)正盛の奥方の妹君が嫁いでいる板橋藩主松平成重の縁により板橋宿で自刃した、享年四十一歳であった

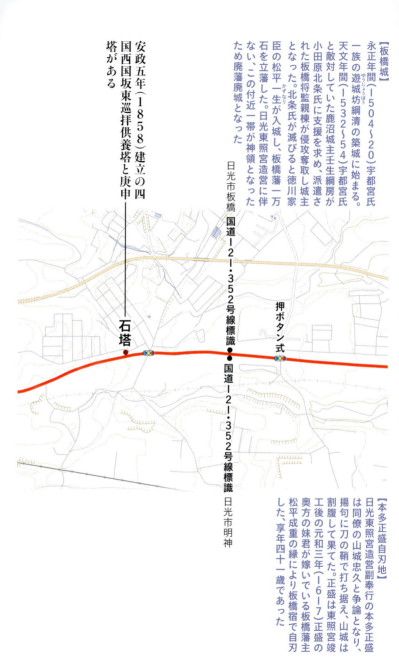

【黒田長政】

長政は豊臣秀吉の軍師であった黒田官兵衛（如水）の嫡男。石田三成と対立し、徳川家康に与し「関ケ原の合戦」で戦功を挙げ、五十万石の知行を拝領し、筑前福岡藩を立藩し、初代藩主となった。この恩顧に報いる為、長政は高さ約9．2ｍの巨大石鳥居を十五分割にして福岡から搬送し、奉納した。この大鳥居は日本三大石鳥居（鎌倉鶴岡八幡宮、京都八坂神社）の一つ（国重要文化財）

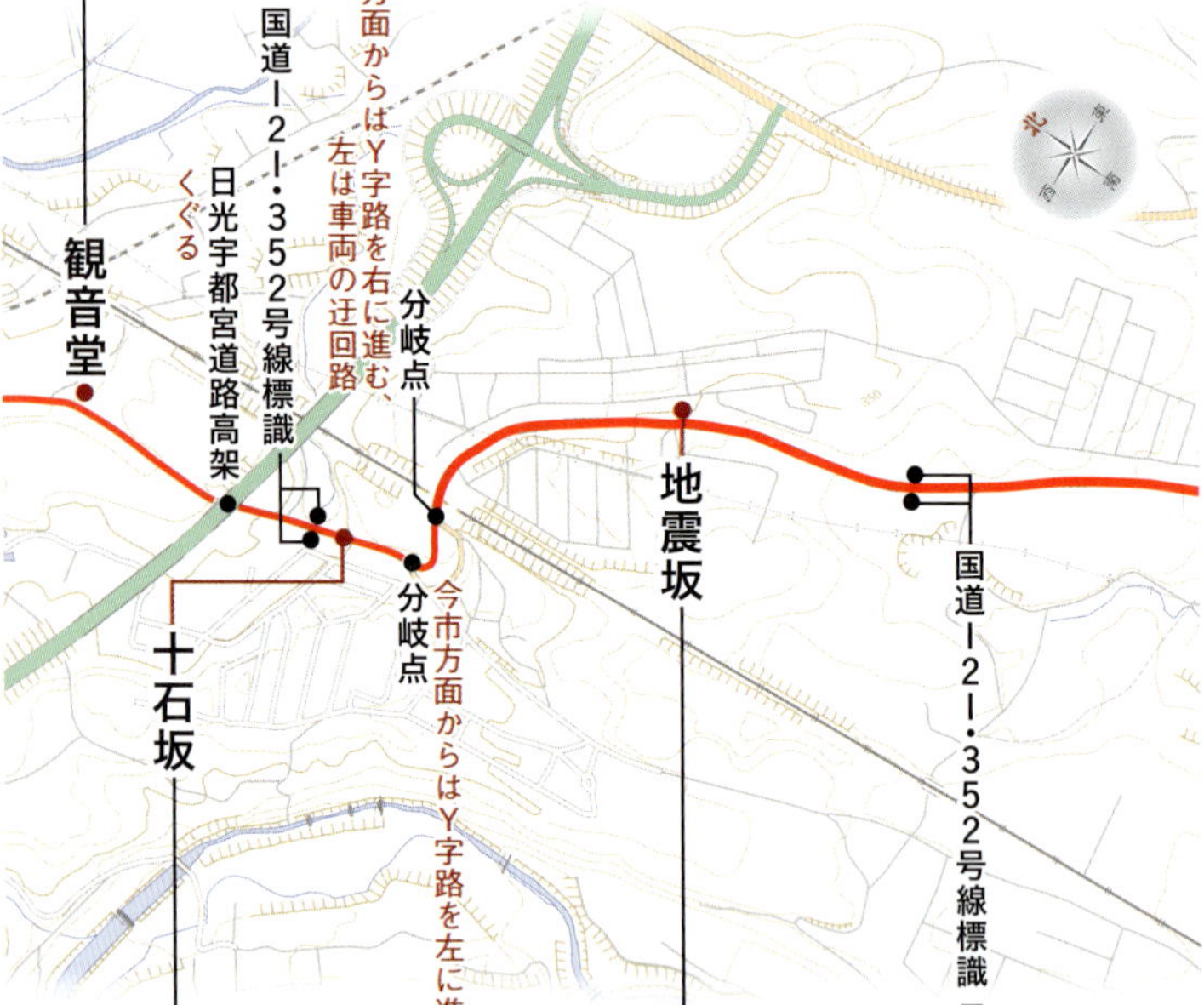

北
東
南
西
日光市室瀬
国道121・352号線標識
日光宇都宮道路高架くぐる
楡木方面からはY字路を右に進む、左は車両の迂回路
分岐点
観音堂
地震坂
国道121・352号線標識
日光市明神
十石坂
分岐点
今市方面からはY字路を左に進む
0
250
500m

観音堂：墓地に文政九年（1826）建立の室瀬村女人講中十九夜供養塔等がある

地震坂：解説板がある。昭和二十四年（1949）十二月二十六日の「今市地震」により、杉並木街道が地滑りを起こした箇所。現在も痕跡を残している。別名「地すべり坂」とも呼ばれる

十石坂：元和四年（1618）筑前福岡藩主黒田長政が日光東照宮に大石鳥居を奉納するため、乙女河岸から運んで来たが、あまりの急坂に難渋し、人足達に喰わせた米が十石にも及んだという

標柱がある。両塚が現存し、塚上にはスギが聳えている。江戸日本橋より三十一里、喜沢西からは十里目

室瀬の一里塚

日光市室瀬 国道121・352号線標識

昭和三年(1928)建立「向右 富村ヲ経テ森友ニ至ル」「向右 鹿沼ニ至ル 左 今市日光ニ至ル」

昭和御大典記念道標

日光市平ケ崎 国道121・352号線標識

室瀬磐裂《いわさく》神社

室瀬村の鎮守。本殿には見事な彫刻が施されている。天保十三年(1842)建立の石鳥居等がある

国道121・352号線標識 日光市千本木

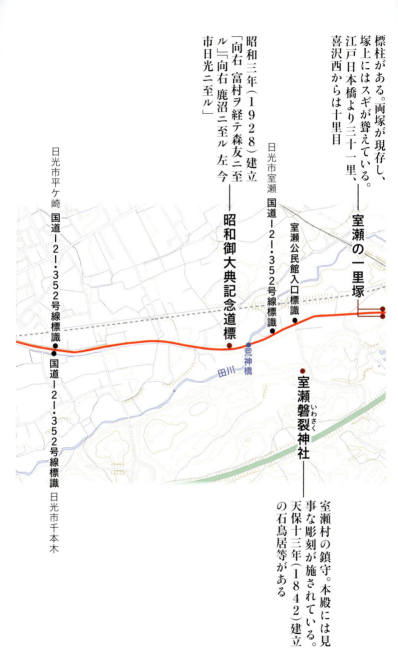

板橋

6.6km
二里

今市追分

【宿泊】
H1 日光屋旅館　☎0288（22）0428
H2 旅館竹美荘　☎0288（21）0522

この地蔵尊は大谷川《だいやがわ》の洪水で流され、河原に埋もれた。石工が単なる大石だと思い、鑿《のみ》を打つと真っ赤な血が流れたという、背にはこの鑿跡がある。寛政七年（1795）建立の追分道標「右 かぬま 左うつの宮」がある

今市追分《いまいちおいわけ》
追分地蔵尊
日光屋旅館
東武鉄道日光線
下今市駅
至 日光鉢石
日光道中
日光道中
至 江戸日本橋
お食事処
マスヤ
小倉町
追分の変り杉
旅館竹美荘
国道119号線合流標識
今市追分－50m
国道121・352号線標識
日光市小倉町
今市駅
JR日光線
下野國《しもつけのくに》
日光街道踏切
JR日光線を横断する
庚申塔
今市追分
鉢石方面からは右に入る
0
250
500m

庚申塔　大正九年（1920）建立

追分の変り杉　日光壬生通り杉並木の最後のスギ、枝の切り口に別種のスギが寄生している

今市追分　日光壬生通りの起点、日光道中との追分

エリア＝栃木県日光市今市
最寄り駅＝今市駅　JR日光線
下今市駅　東武鉄道日光線

日光壬生通り

日光壬生通りは日光道中小山宿北の喜沢追分から西に分かれ、壬生を経て、楡木追分で日光例幣使道を合わせ、今市追分で再び日光道中に合流する街道で、日光道中壬生通り、日光西街道、日光壬生道とも呼ばれた。

従って歴史的に見ても倉賀野追分から楡木追分までが日光例幣使道で、楡木以北は日光壬生通りとするのが通例といえる。

道のりは宇都宮経由の日光道中よりも日光壬生通りの方が一里九町（約４．９㎞）ほど短かく、庶民の日光参詣に利用された。

徳川将軍日光社参の往路は日光道中を通行し宇都宮城を宿城とし、帰路は日光壬生通りを通行し壬生城を宿城とした。

徳川八代将軍吉宗の日光社参以降は往路、復路とも宇都宮経由の日光道中の通行が慣例となり、日光壬生通りは脇往還の扱いになった。

日光例幣使が日光壬生通りを通行したところから、楡木追分以北の日光壬生通りを日光例幣使道と呼ぶことがある。

しかし日光壬生通りは日光道中と同じ万治二年（１６５９）幕府道中奉行の管轄下に置かれたが、日光例幣使道は遅れて明和元年（１７６４）道中奉行の管轄下に置かれた。

MEMO

MEMO

著者
八木牧夫（やぎまきお）五街道ウォーク事務局代表。
1950年生まれの神奈川育ち。25年ほど前に体調を崩し、医師から食事療法と運動を勧められウォーキングに出会う。この延長で街道歩きに目覚め、五街道を中心に脇街道を何度も往復するなど、街道歩きのスペシャリストに。街道歩きの詳細は「五街道ウォーク」HPへ。
住所／横浜市神奈川区白楽5番地の8　　電話／045-433-9310

カバー装丁——MIKAN-DESIGN
地図製作——河本佳樹（編集工房ZAPPA）
編集協力——八木康秋（五街道ウォーク事務局）
編集担当——藤井文子

ちゃんと歩ける
日光御成道・日光例幣使街道・日光壬生通り

2024年12月15日　初版第1刷発行

著　者　　五街道ウォーク・八木牧夫
発行人　　川崎深雪
発行所　　株式会社 山と溪谷社
〒101-0051東京都千代田区神田神保町1丁目105番地
https://www.yamakei.co.jp/

■乱丁・落丁、及び内容に関するお問合せ先
山と溪谷社自動応答サービス TEL.03-6744-1900
受付時間／11:00 ～ 16:00（土日、祝日を除く）
メールもご利用ください。
【乱丁・落丁】service@yamakei.co.jp
【内容】info@yamakei.co.jp
■書店・取次様からのご注文先　山と溪谷社受注センター
TEL.048-458-3455　FAX.048-421-0513
■書店・取次様からのご注文以外のお問合せ先
eigyo@yamakei.co.jp

印刷・製本　株式会社暁印刷

Printed in Japan
ISBN978-4-635-60089-7　

※「地理院地図データ」（国土地理院）をもとに編集工房ZAPPA作成